美丽与哀愁

順泰
呢絨嗶嘰
40

目录

上海成就了张爱玲，还是张爱玲成就了上海，已经无从分辨。但是战乱中的“孤岛”必定成就了一段海上传奇。伴着显赫而没落的家世，张爱玲诞生在上海，在这里度过不幸而黑暗的童年，在这里与胡兰成结下一段孽缘，在这里创造了文坛的神话。数十年过去，上海繁华依旧，只是美人不在，不免留下一声叹息，再没有那样冷漠平静的声音，再没有那样洞察灵魂的眼睛，再没有那样与上海的气质融为一体的文人了。60年前，上海没来由地绽开了一朵奇丽的花，离开了上海的养分，张爱玲这朵花便“萎谢了”，不只是爱情和青春，还有文采，一代才女的才情。

宋美龄漫长的一生中最美好的时光都在上海度过。内史第这个老宅子中诞生了中国近代最有名的宋氏三姐妹，一起童年嬉戏，一起学习，一起成长。宋美龄童年的美妙回忆都留在这里。还有那一场世纪婚礼，她成了中国的第一夫人，也成了一条政治纽带，把孔宋财团和蒋介石结合在一起，形成了四大家族的政治和经济联盟，统治中国长达22年之久。同时，宋美龄也是一座文化桥梁，其深厚的美国文化背景把蒋介石政权和美国政府紧紧连在一起。一个女人所能达到的荣耀，她在上海都实现了，上海对于宋美龄来说，真是一个最好最真的梦，也许她此后的半生都是为了追忆前面的辉煌，晚年的寂寥便是为了衬托前半生的浮华。

翻开中国近现代画史，一位富于传奇色彩的女画家就会跃入眼帘。她，就是我国著名旅法画家潘玉良。以上海为起点，潘玉良曾两次远渡重洋，在异国他乡的巴黎孜孜不倦地从事艺术活动达50多个春秋，完成了她从孤儿——雏妓——小妾——艺术的追求者——中国美术最高学府的教授——世界艺坛的著名艺术家的传奇一生。作为外国人眼中有艺术天分的中国人，她的作品曾多次入选法国具有代表性的沙龙展览，并在美国、英国、意大利、比利时、卢森堡等国举办过个人画展，曾荣获法国金像奖、比利时金质奖章和银盾奖、意大利罗马国际艺术金盾奖等20多个奖项。在她不平凡的一生之中，除留给世人的2000多件艺术作品外，还留下了许许多多、可歌可泣的情感经历。

当代中国有许多崇拜徐志摩的年轻人，以后还可能会有许多人会崇拜他。也许是因为他能够把情诗写得那样唯美，但更有可能的是人们对他的风流韵事感兴趣，对他对爱情的大胆追求感兴趣，对他短促的生命中的两个才女林徽因和陆小曼感兴趣。几十年来，这位诗人身上的光环已经太多，甚至使人看不清他的真实面孔。

听一听徐志摩原配夫人张幼仪的回忆吧，让你知道一个真实的、冷漠的徐志摩。

你一定会感动。不仅仅为一个大家闺秀的坚忍和贤淑而感动，而且还为她走出弃妇的阴影，成就自己独立的人格和事业而感动。

1908年2月21日，一个乳名为宝娟的小女孩诞生在上海提篮桥辅庆里第一弄第三家，作为家中的独生女，她理所当然地享受了父母所有的疼爱，只是谁也没有意识到这个乖巧的孩子日后竟成为风华绝代的电影皇后。如今的辅庆里，对于这个长大后改名为“胡蝶”的女孩，已渐渐陌生，然而在二三十年代风雨飘摇的旧上海，她的名字却是家喻户晓，是这个城市的骄傲。在先后主演的百余部影片中，她成功地饰演了中国不同阶层的各类女性形象，成为中国电影拓荒期和成长期的同步人和见证人，她长达半个多世纪的演艺生涯和艺术成就构成了中国电影历史重要而独特的篇章。上海，造就了她的辉煌，记录了她的情感，在这个出生和成名的地方，她以自己对生活的理解，深情演绎了一幕幕人生的悲欢离合。

阮玲玉不是最美的女影星，但她是最让人思念的影星。三十年代的上海，为阮玲玉着迷的人就何止千万，如今我们仍想通过她的电影，通过她的风情，抓住些什么，因为我们惋惜，那样年轻的生命，骤然而逝，“人言可畏”又怎能尽述一个女人的一生呢？上海电影工业的发达，造就了阮玲玉成为中国的葛丽泰·嘉宝，可是在她事业最辉煌的顶点时，为了三个不值得爱的男人，为了社会上的种种流言蜚语，她放弃了她众多的影迷。她的悲哀是所有女人的悲哀，女人真的就无法在事业、爱情和家庭之间寻得一个支点吗？她的悲哀也是时代的悲哀，为什么社会不能多点宽容呢？阮玲玉25年的人生旅程短暂而璀璨，人们用永恒来纪念她。

相比故乡宁波，上海给了苏青更多，特别是给予一个豪爽的女人可以自由发挥的舞台。苏青不算什么奇人，她平凡，她的作品也都是家长里短的事情，但她敢言，将女人的所思所想混合上自己的体会观察，赤裸裸地说了出来，所以女人爱她的文章，苏青某种程度上是一个先锋，她亲自实践着女人走出家庭而独立的理想，尽管有些无奈，但她做到了。一个成功的女作家和女出版人，在现在也是不多的。她以自己大胆的意识、精明的头脑、实干的作风在特殊的年代占得一席之地，别忘了这一切的前提是上海，苏青这种世俗的精神与上海的风格是极为符合的，她的一生都与上海紧密相连，我们怎能遗忘这样一位海上的重要人物呢？

在现代文学史上，丁玲是一个非常耐人寻味的作家。她的天才的小说当然有其不朽的价值，最耐人寻味的是，她的一生比她的作品更有研究价值。因为她象征了过去一百年的中国，革命对一个普通女性命运的决定性影响。她们为了恋爱而革命，最后却为了革命而牺牲了爱情。当所有的恩怨都成为往事，不知道她会不会发出这样的感慨：我那时只不过是想自己找一个爱人啊，怎么这一生会如此的辛苦？

1931 年的上海，这个故事正是精彩的时候。

“她是我生命的一部分，她的骨灰里有我的泪和血。这是她的最后，然而绝不是她的结局，她的结局将和我的连在一起。在我丧失工作能力的时候，我希望病榻上有萧珊翻译的那几本小说。等到我永远闭上眼睛，就让我的骨灰同她的掺和在一起。”这是多年后百岁老人巴金对自己爱妻的真挚地怀念。六十多年过去了，留在巴金心中的依然是初见面时那个纯真可爱的萧珊，正是那次见面，改变了巴金决意独身的想法，也正是那次见面，外表柔弱的萧珊用自己一生的爱和深情为巴金撑起了一个温馨的家，从此后满腹经纶的浪子不再漂泊，上海的年轮也因这位文坛巨匠的留住而变得愈发熠熠生辉！

王映霞本来可能是一个默默无闻的旧时代的女子，这样的女子在现代历史中曾经有无数，像花一样灿烂地开过，最后又无声无息地消失。但王映霞的名字却被人记住了，不是因为她本人有什么惊天动地的壮举，而是因为她曾经是一个才子文人的恋人。他们痴迷地恋爱过，最终却劳燕分飞，成为现代文学史上最让人感慨的一段情事。

郁达夫死得太早，许多是是非非只能听王映霞来解释。然而，事情是像她说的那样的吗？

还是从他们最初相识的大上海说起吧。

女人爱绮丽，旧上海满足了女人的全部幻想。她的繁华与孤寂、传统与现代交织成一面网，身陷其中就无法自拔，生与死都系在旧上海的浮沉之上，乱世中的开始，是没有结束的永恒，十位女性绰约的身影在炮火中若隐若现，孤岛岁月铸就了刹那芳华。

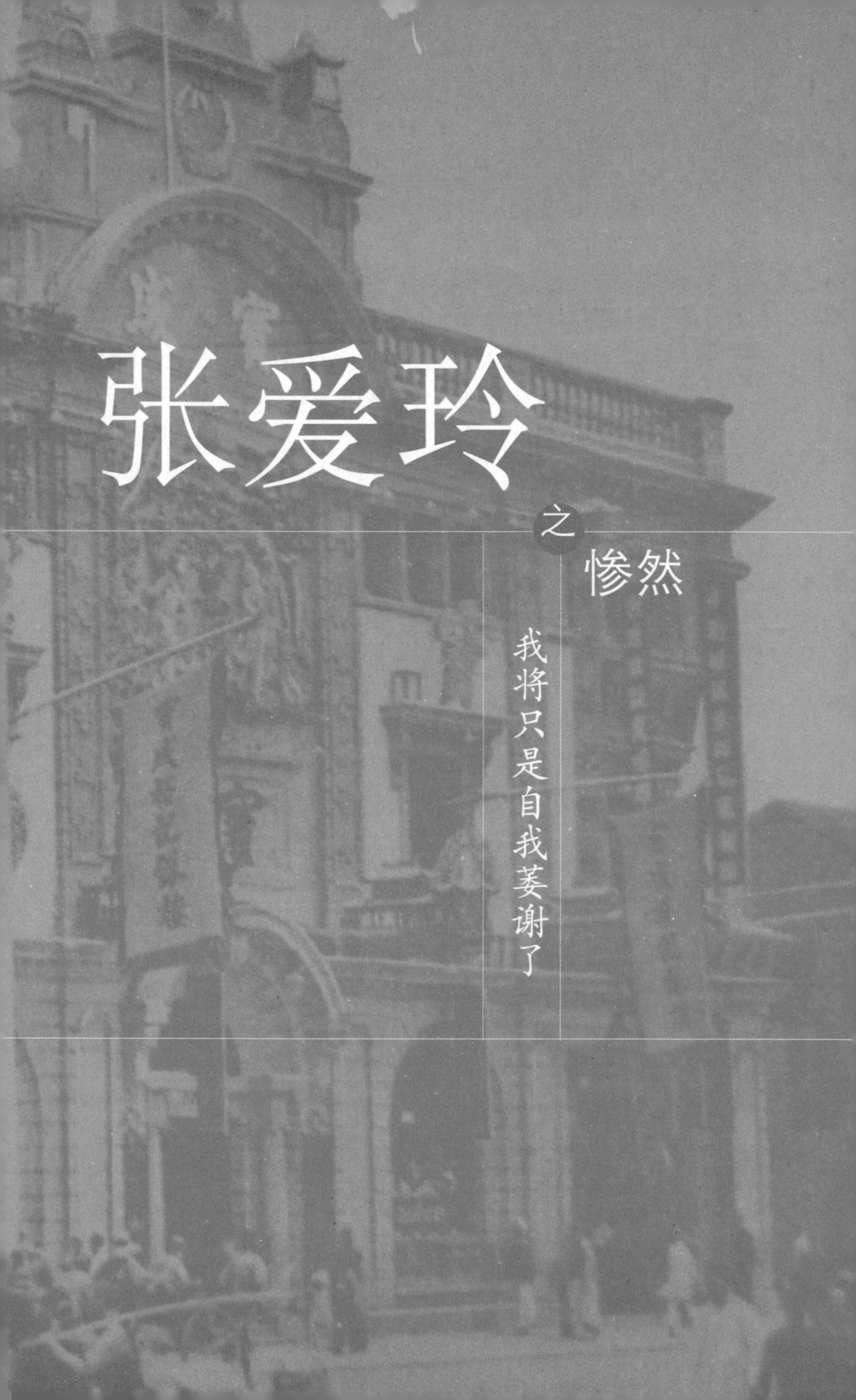

张爱玲之惨然

我将只是自我萎谢了

张爱玲是中国文坛中女性的神话，她“趁早出名”在文坛上拥有一席之地，那样神秘而传奇，吸引着人们去开拓，这个属地带着上海的底色，市井人家的苦乐人生，也就是海派的特色。她的作品就是一幅幅老照片，背景是上海，尽管拍照时五光十色，现在却已微微泛黄，那相片中的人物也透着历史的痕迹，服饰、发型都已过时，可眼睛里还放着光，张爱玲就是那个摄影师，用镜头框住了她所感兴趣的一切。时间过去了，我们对这些老照片的一切都有强烈的兴趣，但最有兴趣的是拍照的人，我们用这些照片投射出各式的影子，幻想着影子就是她，但通过文字浮光掠影就是真实吗？我们想靠她更近一点，也许了解她在上海的生活，也就是了解了她的灵感、她的世界。

㈠

1920 年的上海是个最奇怪的地方，它是繁华的十里洋场，灯红酒绿，觥筹交错；它又是传统的根据地，被千年的思想禁锢着，但这些都和谐地融合，呈现中国前所未有的面貌，也是中国其他地方所从未出现的面貌。人们在这里和平、宁静地生活着，只是这种宁静是暴风雨即将来临的一种征兆，宁静下潜藏着躁动不安，什么就要来临了，人们在等待着，必然会有一场翻天覆地的变革将要到来。但提前来到的是一个天才的女子，张爱玲。

1920 年 9 月 30 日，上海的天气微凉，张爱玲在一个满月的日子来到这个世界，父母为她取了乳名：小煐。张爱玲家住在一幢祖上留下来的民初式样的老洋房里，走马楼，二层楼房中间挖出一个正方的小天井，站在二楼的窗户前可以看见街上的人来人往。

这所房子像重重叠叠复印的照片，有着张爱玲家族太多的回忆。这个老房子有奇异的个性，有太阳的地方暖暖的让人瞌睡，阴暗的地方如古墓般清凉，因为房子是在公共租界里，所以各国洋人都在这里。这是李鸿章给女儿的嫁妆，张爱玲的祖父便是李鸿章的女婿。最早时，祖母也住这里，还有伯父、姑姑和二伯父，辛亥革命后，他们辗转从南京至青岛，后又搬到上海。到上海后，也是一直闲住租界，无所事事。虽然他们祖上无比荣耀，也曾站在近代中国的风口浪尖上，但至此时，他们已经从世袭官宦的辉煌顶点跌落下来，清王朝崩溃，时代已经不是他们的了。

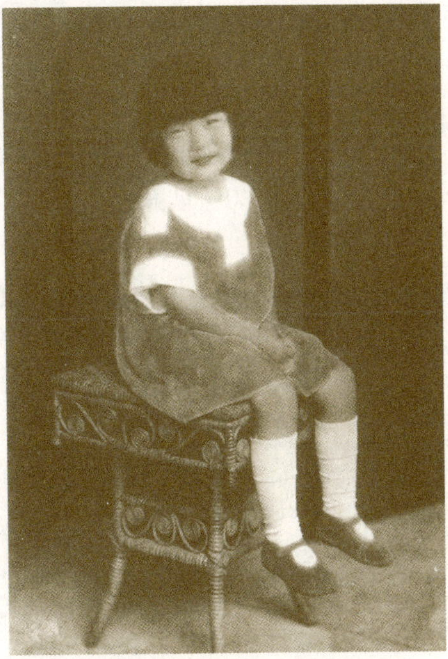

● 幼时张爱玲的照片曾被母亲用水彩着色

这个家庭回忆着从前的辉煌，吃着前代留下的家业，只出不进，却仍维持着大家族的架子。张爱玲的祖母于1916年去世。张爱玲的父亲张廷重一直想和哥哥分家，出去过小家庭生活，但一直找不到合适的借口。终于到1922年，张廷重由在北洋政府做交通部长的堂兄张志潭引荐，在津浦铁路局谋得一个英文秘书职位。于是张爱玲的父亲匆匆与兄长分了家，举家搬到了天津，他想离大家庭越远越好。这一年，张爱玲两岁，这个小家统共包括爱玲的父亲、母亲、新出生的弟弟，以及与母亲志趣相投的姑姑，他们带着祖上留下的房产、地产、母亲的一份丰厚陪嫁，从上海搬到了天津，住在一幢简朴的花园

洋房里，这是爷爷张佩纶与祖母初结婚时寓居天津的房子。

张爱玲出生在上海，但那时年幼，所以她的记忆里，天津的家才是她的童年。小爱玲在玩耍中长大了，但父母的裂痕却越来越大，张爱玲说："最初的家里没有我母亲这个人，也不感到任何缺陷，因为她早就不在那里了。"张子静（张爱玲的胞弟）对天津的回忆是："花园、洋房、狗、一堆佣人，一个吸鸦片的父亲，没有母亲。"两人的不合是时代的悲剧，性格的冲突，他们都无法左右自己的命运，但这给孩子们的童年蒙上了一层阴影，当多年后，孩子们也在婚姻爱情的旋涡中挣扎时，历史似乎有一点相同。

1928 年，张廷重带着一家人回到上海，张爱玲很高兴看到大海，大海让她惊叹。到了上海，坐在马车上，她穿着粉红底子的洋纱衫裤，上面飞着蓝色蝴蝶，她是快乐的。他们刚搬回上海时，爱玲的母亲和姑姑还在出洋，尚未回国，一家人就暂住在成定路一条里弄的一所小小的石库门里，红细板壁，虽无法和天津的花园洋房相比，但对于张爱玲，却有一种紧紧的朱红的快乐。不久母亲回来了，父亲痛改前非，发誓戒毒，被送到医院里去。他们从石库门房子搬到一所花园洋房里，有狗、有花、有童话书。这一段生活是张爱玲童年生活中最和美、最安宁、颜色最丰富、声音最热闹、心情最畅快的一段，一切都到了美和快乐的极致。

快乐平静的上海家园生活没有持续太久，争吵又开始了，出洋归国的母亲与父亲之间的分歧更大了，孩子们的心底十分害怕。争吵很快有了结果，父母终于协议结婚，爱玲姐弟归父亲监护和抚养，但爱玲日后的教育问题——要进什么学校——都需先征求母亲的同意；教育费用则仍由父亲负担。离婚之后，母亲搬走了，姑姑张茂渊和哥哥也一向意见不合，因此和嫂子一起搬走了，张爱玲和弟弟跟着父亲搬到和舅舅一起的一所巷堂房子里。那个曾经带给她

快乐幸福的家终于彻底土崩瓦解了，他们回到从前，回到家里没有母亲的生活中。幸而离婚协议里写明她可以常常回去看母亲，在母亲的公寓里第一次见到生在地上的瓷砖浴盆和煤气炉子，张爱玲很高兴，觉得可以安慰了。可是父亲这边，气氛是那么阴沉，离婚这件事情对他的打击是致命的。抽鸦片已经不能麻木他的神经了，他开始注射吗啡，专门雇佣了一个男仆，替他装烟和打针，由于注射了过度的吗啡，他的身体和精神都日益衰弱。

1931 年的夏天，天气很热，父亲独自坐在阳台上，哗哗下着大雨，他嘴里不知喃喃说些什么。大家都很害怕，告诉了张爱玲的姑姑，她请了一位法国医生为他主治，医生给他注射了盐水针剂以逐渐冲洗体内的吗啡毒素，另外用电疗按摩手足，使手足功能恢复正常。这样大约治疗了三个月，张廷重才逐渐恢复了健康，戒除了吗啡的毒瘾，但继续抽着鸦片，过从前那样的生活。

爱玲的母亲黄逸梵勇敢地和丈夫离了婚，但在当时的中国是不为世俗所接受的，为此，她再次赴法国读书，踏着她的三寸金莲来往于不同的国度，自由和尊严于她是再重要不过的了。张爱玲崇拜自己的母亲，母亲给了她潜移默化的影响。母亲走了，她便常常来往于姑姑家中，寻觅着一丝母亲留下的空气。童年的故事就这样匆匆结束了，没有父母的关爱，只是一片灰蒙蒙的颜色。唯一留下的是小爱玲天生的文学才能。7 岁她就开始创作小说了，这是生活中仅有的一点亮色。

● 与表姐表弟合影，中为张爱玲

● 张爱玲的母亲与姑姑，右边站立的是张爱玲的母亲

二

张爱玲从黄氏小学毕业，进入了著名的圣玛利亚女校，一片新的天地展现在她的面前。这是一所有着 50 年历史的美国教会女中，它与圣约翰青年学校、桃坞中学同为美国圣公会设立的大学预科性质学校。这些学校中成绩优秀的毕业生可以有机会去英美的名牌大学深造。圣玛利亚学校有美丽的玻璃花房，宽大的健身房、游泳池，音乐教室里有崭新的钢琴，饱经风霜的钟楼顶端会准时传来凝重浑厚的钟声。与其他教会学校一样，圣玛利亚学校也是培养带有中国特色西洋淑女的学校。学校的课程分为中文和英文两大类，教师大多为英国人，学生们英文说得都很流利，但国语却十分差劲。然而张爱玲在中文写作方面的才华却显露出来，这一切都得益于新来的国文部主任汪宏声先生。张爱玲自己也说过："中学时代的先生我最喜欢的一个是汪宏声先生，教法新颖，人又是非常好的。"

汪先生任教后，对国文课进行了改革，特别是作文，让学生自由命题，自由发挥。然后他注意到一个叫张爱玲的学生，文章写得绚烂瑰丽，极为出色。在此之前，张爱玲已经在圣玛利亚学校年刊《凤藻》上发表过几篇文章，情感沧桑、文笔色重，令人惊异。汪宏声先生为了进一步增强学生的中文写作热情，办了一个叫国光会的组织，发动出版一种 32 开的小型刊物，题名

● 张爱玲与继母的合影

曰《国光》。理想中的编者自然是张爱玲，可惜她对这类活动并无太大兴趣，只答应投稿。张爱玲在《国光》上的作品主要是两篇小说：《牛》和《霸王别姬》。张爱玲投稿并不多，因为她有一个全校闻名的习惯：健忘。每次忘了交作文，她都会说："我忘了"。但汪先生一直给她鼓励，中学生活因此还是多姿多彩的。

张爱玲上中学之后，一直寄宿在学校里，很少回家，因为学校里有那种家里没有的新鲜气息。不过偶尔，她会去姑姑那里。在一个凉爽的夏夜，姑姑告诉了她父亲再婚的消息。爱玲的心抽紧了，感到一种从未有过的凄凉与惶恐，她无论如何无法接受一个女人成为她的后母。然而，不管她多么不愿意，继母还是在 1934 年进了张家。继母是前北洋政府总理孙宝琦的女儿。孙宝琦的名声不好，他膝下 8 男 16 女，全都染上了鸦片瘾。这个继母是陆小曼的好友，两人都是吞云吐雾的芙蓉仙子。父亲再婚后，一家人又搬回了麦根路别墅去，就是张爱玲出生的地方。爱玲很少回家，对继母也极为冷淡，她不喜欢待在那个家里，昏昏的，幽幽的，父亲与继母躺在榻上，鸦片烟雾笼罩着小屋，让人昏然欲睡，没有一点蓬勃向上的生命朝气。在这种环境里出来的张爱玲，给人感觉是："不说话、懒惰、不交朋友、不活动，精神长期的萎靡不振"。

1937 年夏天，张爱玲从圣玛利亚学校毕业。再隔一年，圣校将在贝当路美国礼拜堂举行毕业典礼。爱玲的中学时代就这样结束了。她自己说："中学时代是不愉快的。"毕业典礼的那一天，汪宏声先生还专门找到她。汪先生希望她以后有时间不妨多写写。一直以来，张爱玲对汪先生是心存感激的。"谁言寸草心，报得三春晖"。是汪先生最早发现了她在写作方面的才华，并给了她热情的鼓励。那毕竟是张爱玲整个灰色调的中学时代里最富有色彩的地方。几年后，张爱玲从香港回到上海，见到老同学就问起汪先生的

近况，听说他不在上海。没有机会见到他，爱玲颇感惆怅。

张爱玲中学毕业那年，母亲回国了。中年的母亲风韵犹存，显出一种别样的风致。那一次，母亲还带了美国的男友同行，他是个生意人，40 多岁，长得英俊潇洒。母亲回国是为了爱玲出国的事情，她托人找爱玲的父亲谈此事，张廷重却避而不见。

在张爱玲的心中，中学毕业是件开心的事。她感觉自己终于要自由了，离开这个家，奔向自由，奔向阳光灿烂的前程。那时她的想法是："中学毕业后到英国去读大学，我要比林语堂还出风头，我要穿最别致的衣服，周游世界，在上海有自己的房子，过一种干脆利落的生活。"这个家死气沉沉，父亲喜怒无常，继母残暴凶狠已使她无法忍受，她找父亲说出自己的想法，张廷重大发雷霆，他最讨厌女人留学，总觉得是"出国留学"破坏了他和黄逸梵的婚姻。所以张爱玲留学的事情就暂时搁置下来。

不久，"八·一三"沪战爆发，张爱玲征得父亲同意，到母亲那里住了两个礼拜，回来时和继母起了争执，继母恶人先告状，张廷重疯狂地打了爱玲，将她监禁在一个空房子里，还扬言要用手枪打死她。这个房子是爱玲的出生之地，有过多少快乐时光，但如今它是这么陌生，又这么可怕。在这个空旷、如同坟墓一般死寂的屋子里，张爱玲被关了半年。短短的几个星期内，她就仿佛经历了万劫百难的人生，觉得自己苍老了许多。她说："等我放出来以后，已经不是我了。"张爱玲想了许多可以逃脱的计划，她没闲着，偷偷为逃走作准备。每天清晨起来后，她就在落地长窗外的走廊上做健身操，锻炼身体。但是祸不单行，正在走投无路之际，她得了痢疾。她父亲不请医生，也没有药，她的病情越来越严重，差一点死掉。那些痛苦难熬的日子里，她每天沉沉地躺在那儿，浑身是滚烫的。她感到一种从未有过的乏力和虚脱。她预感自己将要死了。然而，

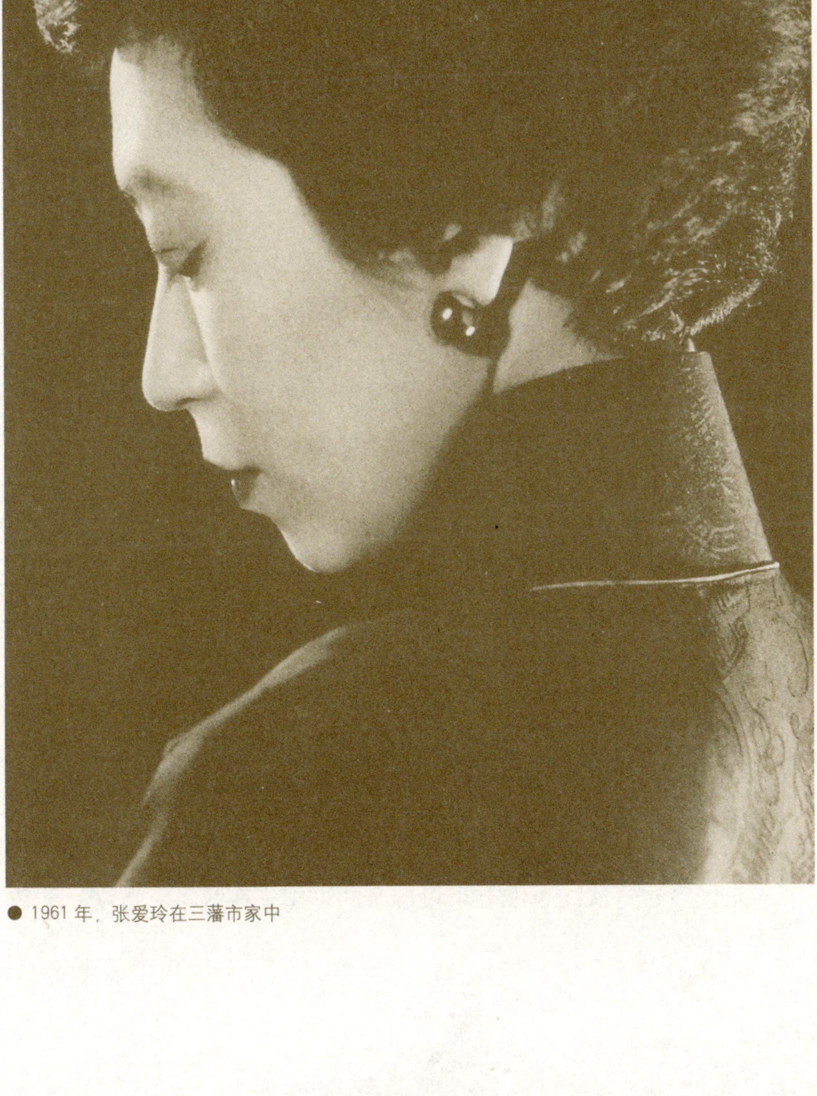

● 1961 年，张爱玲在三藩市家中

即便在这样垂死的情况下，爱玲也没有打消过“逃走”的念头。

保姆见张爱玲的病一日比一日严重，唯恐她发生什么意外，偷偷告诉了张廷重。张廷重怕担上“恶父”的坏名声，给张爱玲注射了抗生素，爱玲的病控制住了。在保姆的精心照料下，爱玲的身体终于恢复了健康。这一次可真是大难不死，张爱玲忽然有了一种“天不该绝我”的信念，她看到了新的曙光，于一个夜里，偷偷地逃了出去。后来张爱玲将这段经历用英文写成文章，投到《大美晚报》，张廷重一直订它，看后自然大动肝火。1944 年，张爱玲成为大作家之后，又在《天地》第 10 期上发表了散文《私语》，详细讲述了被关的前因后果。

在此后的两年时间里，张爱玲一直与姑姑和母亲生活在一起。她的生活费用都由母亲承担。母亲在张爱玲心目中一直是以偶像的形象存在的，但天天在同一屋檐下，爱玲也看到了母亲平凡的一面。姑姑自从与爱玲的父亲分家后，遗产被兄嫂侵吞，因此经济状况也一直不好。因为生计，她还卖过许多珠宝，慨叹女性选择职业的艰难。一开始，母亲对张爱玲寄予厚望，但母亲却发现张爱玲在许多方面有着惊人的愚笨和与外界环境的不协调，所以母亲深深地失望，下定决心，要尽一个母亲的责任，花两年时间教爱玲适应环境，但一切证明母亲这两年计划是一个失败的试验。黄逸梵本来就没有多少积蓄，随着日子的流逝，手头也越来越紧了，爱玲觉得每次向她要钱都是一种折磨。这些琐碎的难堪，正一步步销毁着母亲对她的爱，缓慢而不易察觉。这时候，张爱玲最大的梦想仍是去英国留学，为了这个美丽的异国之梦，她潜下心来好好复习。母亲为了爱玲要考伦敦大学，特意为她请了一位犹太裔的英国教师，专门替她补习数学，报酬是每小时 5 美元。

张爱玲这一次终于没有辜负母亲的期望，在日本、香港、菲律

● 1943 年，张爱玲与影星李香兰的合影

宾、马来西亚等国家和地区的许多考生中脱颖而出，获得了伦敦大学入学考试远东地区第一名。但是由于二战爆发，未能成行。1939年，她以同样的成绩单转去香港大学求学。另一个精彩世界即将出现在她的眼前。

三

1939 年夏天，张爱玲离开上海去香港大学读书。这时战火在中国大地燃烧，香港却因为各种因素未受战火之扰，在时代的造就下，香港成为中国文学的洞天福地，大批知名作家抵港，香港文学空前繁荣，成为中国抗战前期文化中心之一。那时胡兰成也以“流沙”的笔名在大名鼎鼎的《南华日报》担任主笔，他们当时还未相识，谁能想到彼此之间还有一份宿命的缘分。

张爱玲为着去英国留学的理想，用功读书，所有功课都是第一名，两年内囊括了港大所有的文科奖学金。她还认识了一生的挚友炎樱。张爱玲为了像林语堂那样自如地用英文创作，放弃了中文写作，全部用英文练笔，熟读英文书籍，水平大长，渐渐应用英文如母语。张爱玲唯一一次用中文创作，便是她的散文名作《天才梦》，这是《西风》杂志创刊三周年征文比赛的应征之作，但张爱玲的佳作仅名列荣誉奖的最末位。

不久，日本人进攻香港，中断了张爱玲的读书生活，张爱玲更加了解了战争的悲哀与残酷，还有战争下人性的扭曲。在香港的三年，是张爱玲厚积薄发的时期，很多生活经历都成了后来作品的线索。1942 年初，张爱玲和炎樱搭上了回上海的轮船。战争摧毁了一个女孩子美丽的“英格兰之梦”。

● 1955 年离开香港前

● 张爱玲的丈夫胡兰成

1942 年的春天，张爱玲回到了上海。她深深地喜欢着上海。她认为："上海人是传统的中国人加上近代高压生活的磨炼。新旧文化种种畸形产物的交流，结果也许是不甚健康的，但是这里有一种奇异的智慧。"

母亲又出国去了，父亲的家是回不去了。张爱玲便住到赫德路 1292 号的爱丁顿公寓，这里是姑姑租来的公寓，爱玲把姑姑家当成了自己在上海的家。"乱世的人，得过且过，没有真的家，然而我对于姑姑的家却有一种天长地久的感觉。"姑姑同张爱玲的母亲一样，是一个有独立意识的新女性。与哥哥分家后，就在外面租了房子，做起了自食其力的职业妇女，充分实现了现代女性自力更生的理想。房子很大，有一个大客厅，客厅里有壁炉，姑姑还自己设计了家具和地毯。

张爱玲参加圣约翰大学的考试，结果竟是国文不及格，这是非常奇怪的事情，但是张爱玲不上大学还因为经济所迫，仅靠姑姑一人，肯定是入不敷出的。无奈之下，张爱玲只能辍学，走上了卖文为生的道路。这也是张爱玲后半生赖以为生的职业。她终究还是要以文学来发光的。

张爱玲最初投的是英文稿，投给了英文月刊《二十世纪》。她发表的第一篇文章题为《中国人的生活和时装》，此文长 8 页，近万字，且附上了自己所绘的 12 幅发型及服饰插图。主编梅特涅称赞她为"如此有前途的青年天才"。张爱玲又接连在这个刊物发表文章，一年间就有 9 篇之多，其中包括 6 篇影评。英文写作成功让爱玲的自信心大增。事实上，更大的成功还在等着她。

张爱玲开始继续中文创作，就是在鸳鸯蝴蝶派作家周瘦鹃的《紫罗兰》上发表《沉香屑》，文字让周先生颇为惊艳。同时受到了大众的欢迎。《万象》的总编柯灵也为“两炉香”的魅力所吸引，恰在此时，张爱玲登门造访，带来了自己的作品《心经》，后来发表在《万象》1943 年 8 月号上。但是，真正让张爱玲出名的刊物是《杂志》，《杂志》的背景很复杂，带有“日伪”色彩，但又集聚了一批有才华的作者，走纯文艺的道路。张爱玲不关心政治，所以她不在意《杂志》的背景如何。张爱玲的成名作大部分都首发于《杂志》，包括《倾城之恋》、《金锁记》、《红玫瑰与白玫瑰》等小说名篇，还有一系列精彩的散文。

1944 年，张爱玲的第一本小说集《传奇》由上海《杂志》出版社发行后，四天便销售一空，一时洛阳纸贵，轰动文坛。一颗文学新星冉冉升起。《传奇》里的故事朵朵都是花，带着爱玲家族、家庭和岁月的痕迹，由爱玲的痛苦的生命所点染。

张爱玲崛起于 1942 年，仅仅一两年光景，张爱玲就以无比的才情和气度征服了在战争浮世中无以聊生的中国人，尤其是“孤岛”中的上海人。张爱玲一生之中大部分优秀的作品均告完成，发表在《天地》、《万象》、《杂志》等性质不同却同样有名的刊物上。她衣不惊人死不休的照片被用作上海滩最洋派最知名的刊物封面，大街小巷的书店、书摊上炫目地闪耀着她平凡又带点俗气的名字。这时等待这位年轻女作者的，是一场乱世的“倾城之恋”。

④

张爱玲一直孤单地过着自己的生活，可在这乱世中，她遇上了一个人，他就是胡兰成。这个时代苏青与张爱玲的文名相当，在由苏青主办的《天地》中，有张爱玲的一篇小说《封锁》，胡兰成看着苏青从上海给他寄来的月刊，为《封锁》干练细腻的笔调所震惊，旋即又和作者不可思议的世事洞明深深共鸣，“张爱玲”这个名字深刻地烙刻在他的心里。1944 年 2 月，胡兰成结束在南京的赋闲生活，回到上海。一下火车，就去找苏青，向苏青要张爱玲的地址，迟疑中，苏青还是把张爱玲和姑姑同住的地址给了他。他去拜访，却碰了壁，只得留下地址电话，悻悻而归。

但可能张爱玲早就听说过这位才子吧，第二日张爱玲便给胡兰成打了电话，告诉他要上门拜访，那时胡的家在大西路美丽园，家中有他的太太胡氏。23 岁的张爱玲走进了胡兰成的客厅，一坐就是五个小时。可能这第一次相遇，便注定了两人的命运。张爱玲心目中幻想的男子，胡兰成是符合的，这个 38 岁的中年男子，潇洒健谈，口若悬河，风度优雅。胡兰成见到张爱玲，也是完全的“惊艳”，爱玲不是美人，颠覆了胡兰成对于美的看法，只感觉惊亦不是那种惊法，艳亦不是那种艳法。张与胡的相识像是我们熟识的言情小说的开头，不新鲜，甚至落入俗套。

胡兰成在客厅里高谈阔论，张爱玲却归于沉默，无论胡兰成纵横时事，谈及古今，还是对她生活的观察体贴，张爱玲都只是静静地坐着，听着，就这样从午饭后到夜幕降临，五个小时的长谈而无倦意。第二天，胡兰成又去回访张爱玲，张爱玲穿着宝蓝色的绸

袄裤，带着嫩黄边框眼镜迎接他。房中的摆设也有着新鲜明亮的刺激性。两人相谈甚欢，但还是一个谈得多，一个听得多。胡兰成当晚回家后激情难耐，写了一首新诗和一封信给张爱玲，评她的人与文，两人惺惺相惜，故颇道中张爱玲的心事。爱玲的回信是：因为懂得，所以慈悲。

即使若张爱玲这样不寻常的女子，谈起恋爱，也与常人无异。自从胡兰成与张爱玲有了一诗一信的往来后，关系日近，他每隔一天便去看她，两个人共谈文艺。胡兰成此时尚在南京伪政府任职，但每月总要回上海住上八九天。每次回上海，不回美丽园妻室的家，总先去看张爱玲。两人总有说不完的话，但其实，无论是年龄、经历、观念、审美观，乃至为人处世方式，张爱玲与胡兰成都截然不同，这样的碰撞反倒是令双方格外新鲜。

● 一生不戴帽子的张爱玲却借了炎樱妹妹的草帽

胡兰成提起他在《天地》上第一次看到张爱玲的那张相片，她特意取出，给他在背后题了字：“见了他，她变得很低很低，低到尘埃里，但她心里是欢喜的，从尘埃里开出花来。”这是她的爱的告白，她接纳了胡兰成的爱，这花是张爱

玲全盘托付的心。张爱玲全然崇拜着胡兰成，他的一切都是好的，即便不好的，也终究是属于自己的。她有一些可爱之处，只在他们相处时才流露出来。但胡兰成毕竟不是一个专情的人，这样的感情能有多久，他自己也无把握，只是现在还为她沉迷，那就仔细享受这样一份温柔。爱玲的种种新奇的方法使胡兰成每每有大人发现小孩学会一样本领的意外喜悦。两人执手相望，不说话也有万千情愫流动，她喜滋滋地看着他，掩饰不住由衷的爱悦与欣慕，说："你的人是真的么？你和我这样在一起是真的么？"

张爱玲没有想过生命中会遇见他，更没有料到遇见他时，已是使君有妇，但是既然遇上了，她是决计不会松手的。她没有想过政治风云的变幻会不会牵连到她，也没有想过让他离了妻室，专归了她自己。胡兰成没想过要与爱玲结婚，他要的是面面俱到。爱玲也不会主动要求与他结婚，但因为他公然抛开家室在外别恋，夫人英娣大闹着与他离了婚，于是水到渠成，1944 年 8 月间，两人结了婚，是年他 38 岁，她 23 岁，没有举行仪式，只写婚书为定，文曰：胡兰成张爱玲签订终身，结为夫妇，愿使岁月静好，现世安稳。旁边写着炎樱为媒证。

他们虽然结了婚，然而只是一纸承诺而已，这种现实的约束对他们往往无大效力，他们各自沿着旧日的轨道延伸，互相注意着不致因自己而使对方有不情愿的改变。从此两人同住同修，同缘同相，同见同知，生死契阔难料，唯有这一刻的"岁月静好，现世安稳"是可以依持的。

胡兰成是个聪明人，可是他的聪明被政治野心冲淡了，1944 年 11 月汪精卫的死亡使汪伪政权彻底瓦解，胡兰成在上海和南京都没有立足之地，他离开上海去了武汉，主持《大楚报》事宜。他还是那样名士风流习性，在武汉的汉阳医院，很快又迷上了一个年

轻貌美的护士周训德小姐，也曾想过对不起爱玲，但人性的贪欲很难满足。1945 年 3 月，胡兰成回上海，把这件事告诉张爱玲，爱玲内里伤心而嫉妒，但表面仍是平静的。1945 年 8 月 15 日，日本天皇无条件投降，武汉的胡兰成无路可走，在日本人的指使下，策划所谓“武汉独立”，13 天后即告失败，落荒而逃，成为国民政府通缉的要犯。他逃回上海在张爱玲处住了一宿，便仓皇逃难，开始了后半生的流亡生涯。

胡兰成身边总少不了女人，在逃亡杭州一带时，他化名张嘉仪，与一个大户人家的姨太太范秀美以夫妻名义逃到温州同居，躲过了别人的注意。张爱玲在上海，却一直挂念着生死未卜的胡兰成，从胡的一个密友那里知道他的去向后，只身一人从上海到温州去找他，胡兰成没想到爱玲会找他，更没有想到她能找到他，他原本就多情，爱玲心中本来为小周一事而有芥蒂，万万没有想到范秀美会是胡兰成新交的情人。张爱玲在温州和胡兰成，还有他的情人范秀美一起待了 20 天，临行前，张爱玲对胡兰成说了寥寥几句伤心话：“倘使我不得不离开你，不会去寻短见，也不会爱别人，我将只是自我萎谢了。”怀着一颗失落孤独的心，张爱玲回到上海，知道胡兰成在温州生活的艰苦，她从自己的稿费中拿出钱来随信寄去。

1947 年 6 月 10 日，胡兰成收到了张爱玲寄给他的最后一封信。他内心知道这是为什么。爱玲写道：“我已经不喜欢你了，你是早已不喜欢我了的。这次的决心，我是经过一年半的长时间考虑的，彼惟时有小吉故，不欲增加你的困难。你不要来寻我，即或写信来，我亦是不看的了。”信中她还附了 30 万元给他，是新近写的电影剧本《不了情》、《太太万岁》的稿酬，胡兰成流亡在外近两年，爱玲寄钱给他维持生活，从未间断接济，最后一次也是如此。

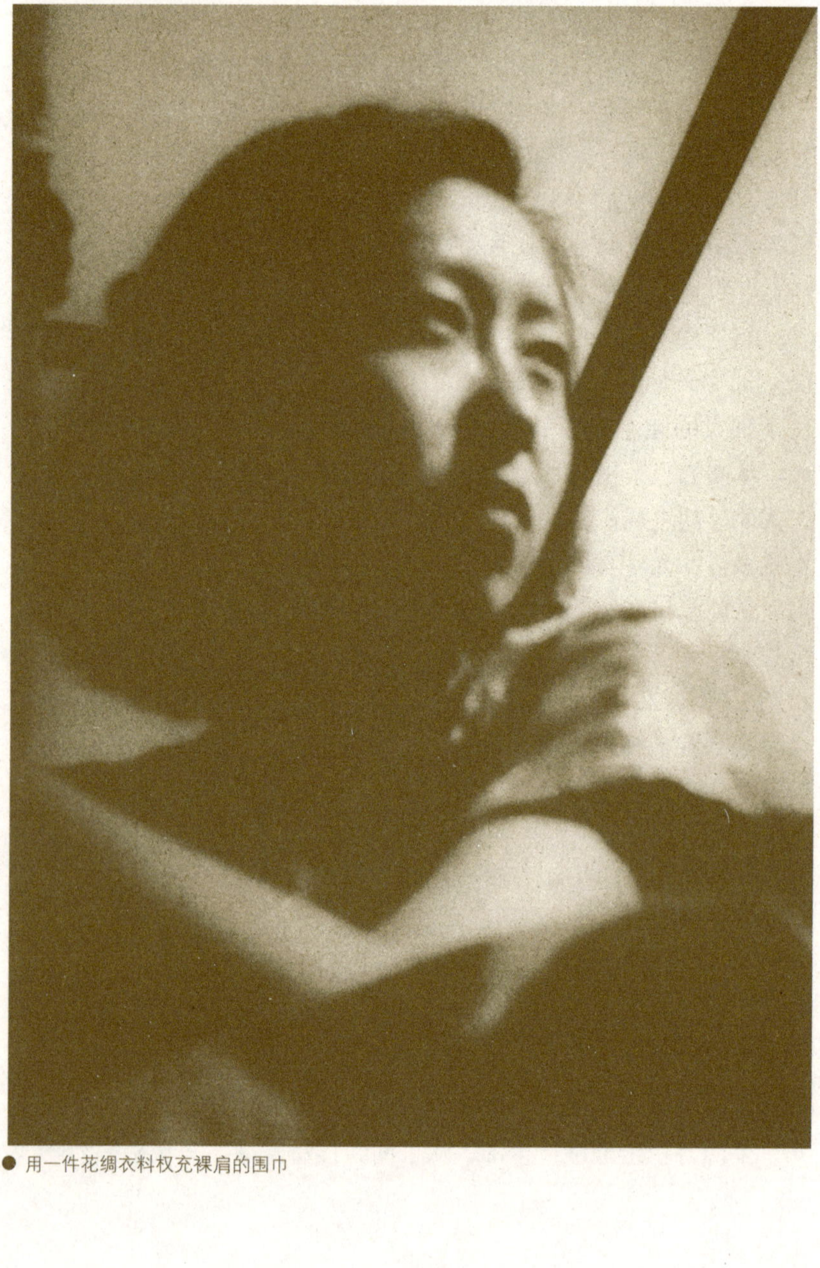

● 用一件花绸衣料权充裸肩的围巾

归根结底，是她爱他，怜惜他，可他不肯专一地对她，爱玲只好放手了。

张爱玲在这段恋爱之前，人生都是沉沉的，但这样刺激热烈的恋爱与婚姻，是她人生的一点亮色，像房间中不合时宜的炫目的亮色，带着些温暖与亲近，却又无法抓牢。

● 1968 年摄于波士顿

张爱玲没有诳言，她一点一点地萎谢了，即使有《十八春》，属于她的上海舞台也不在了，她没法适应政治，骨子里的单纯让她避开了，先是香港，后是纽约，真的是过着隐居的生活，连朋友拜访都不相见，那样决绝，不拖泥带水，但是没有文字的张爱玲就只是一个有点古怪的孤寂的女人，我们期待的精彩就这样落幕了，众人都意犹未尽，想着总会有点什么吧，才女的后半生会是空白的吗？尽管她在短短几年的成就创造了难以企及的高度，我们最终才明白，上海就是张爱玲心目中那一抹最刺眼炫目的颜色，最最热烈，是最温暖和亲近的，甚至超过了爱情，离开上海，便再也没有什么可以打动那心底的冷漠，这个天才的照相师最擅长拍上海的风情，她的感情全部在这里。在异乡，她无法把握焦距，光线不适宜，她的才情在一瞬间喷薄而出，算得上奇迹，但奇迹总是以悲剧收场的。

宋美龄之哀愁

永远的『内史第』

旧上海有一个显赫的家族，即宋氏家族，宋氏三姐妹集权力、财富、荣耀和美貌于一身，成为中国近代史上的一个奇迹。曾有一种评语，说宋家三个姐妹，一个爱钱，一个爱国，一个爱权，这种粗略的概括掩饰了宋氏姐妹的多重性格和她们各自富于变化的命运，忽视了她们身为女人幸亦不幸的一生，未免失之偏颇。如宋美龄，这个曾经是中国最有权力的女人，她所拥有的种种，有与生俱来的，有努力得来的，有性格所致的，可这些无疑都是与她的背景相关的，当她2003年10月24日客死于美国纽约时，她是否想到了很久很久以前，在遥远的上海，姐妹三人一起做游戏的时光呢？也许这对她来说，才是最美好的。上海象征着她的童年，象征着她的婚姻，象征着祖国，离开了上海，整个时代的变迁，她的光环一点点褪去了，自是有一种悲哀在心头吧。

㈠

宋美龄于1890年出生于上海，祖籍海南文昌，她生于“内史第”，这是一座古色古香的晚清院落，位于现今浦东新区川沙镇南市街74弄1号，从这个庭院中，走出了黄炎培、宋庆龄、胡适三个中国近现代史上响当当的人物。内史第始建于清咸丰九年（1859年），为内阁中书、举人沈树镛所建，古典精致的仪门，黑瓦白墙的平实与飞檐翘角的轻灵相得益彰，构筑出幽远而宁谧的氛围。“华堂映日”的题额镶嵌在“凤戏牡丹”的砖雕之间。黄炎培的祖父黄典谟于光绪初年迁居于此，黄炎培诞生于内宅楼东首，并在此读书、中举、娶妻、生子，直至1905年他28岁时举家迁往浦西。内史第原

是三进二庭院两厢式二层砖木结构的民宅，南厢房为宋美龄的诞生地，现存于附近的一处商业用房当年是胡适的出生地。俞平伯之父俞樾老先生曾感叹内史第“文物古迹，富甲东南”；而黄炎培也曾说过“浦东文化在川沙，川沙文化在内史第”。宋美龄在这个优雅古朴的院落中度过她的童年时光，一直到她留学美国，宋家也举家搬到虹口去了。

● 幼年时代的宋美龄是个小胖妹

宋美龄出生时，父亲宋耀如已离开卫理公会，成为上海滩有钱有势的百万富翁、兴中会的执行秘书长。小美龄胖乎乎的，是个可爱的孩子。冬天，母亲倪桂珍给她穿上厚厚的棉袄，使得本来就胖嘟嘟的美龄显得更圆了，活像一只满地滚动的大皮球。

宋美龄聪颖灵敏，淘气好玩。倪桂珍从多方面培养子女，不但让女儿们学习识字断文，也希望她们精通针线活。为此，她请来一个知书达理的寡妇，教女儿们学刺绣。生性好动的美龄根本就坐不住，看着老师绣花的样子就咯咯直笑，在她的影响下，蔼龄、庆龄也憋不住笑。刺绣老师很生气，不满地说：“再笑，我不教了！”三姐妹一听“不教了”，就像获得了特赦令一样，飞也似的跑了出去。

宋家宅院后面有一个大菜园，围墙两边都栽着树，一边是风景树，一边是乡里人种的果树。正值桃树丰收，蜜桃满枝，三姐妹望着又大又鲜的蜜桃直流口水。小美龄人小胆大，二话不说，脱下鞋子，就往风景树上爬，借着风景树，她翻过围墙，又爬到墙外的桃树上，非常麻利地摘下蜜桃，扔到姐姐们的手里。蔼龄和庆龄接到桃子，坐在地上吃，小美龄顾不上下来，就在树上嚼开了。正当三姐妹吃得津津有味时，远处传来一声吆喝，果农来了。又惊又吓，小美龄坐在树上，嘴里还含着半块桃子，吓得大哭起来，蔼龄和庆龄也不知所措，幸好宋耀如及时赶来，才解了围。

倪桂珍非常生气，训斥三个女儿不好好学女红，还出去惹事生非。宋耀如却不以为然地说，既然仅花几美元就能买到最好的刺绣，那么，用这种精工细活去损害孩子们的眼睛完全没有必要，眼睛最好用于阅读。

● 20 年代的宋家姊妹

三姐妹解放了，她们走出家庭，跑遍了乡村，和周围许多小孩子成了好朋友，经常在一起做游戏。捉迷藏是孩子们最爱玩的游戏，小美龄却不太会玩，轮到她藏的时候，她往往不知道该往哪儿藏，很快就被人家找到了。当她去找别人时，却又不知道该去哪儿找，因而，她往往成为孩子们游戏中的小累赘，所以，孩子们都不太愿意跟她玩。有一次，又玩捉迷藏，大家禁不住美龄的一再哀求只得带她玩。有一个小孩想出了一个主意甩掉美龄。她对美龄说："你站在花园里，闭上眼睛数到一百再找我们。"小美龄用胖乎乎的小手捂住眼睛，耐着性子数了起来。为了早点数到一百，她经常从二十就跳到三十甚至四十，没多一会儿，她就数到了一百。当她高兴地睁开眼睛，正准备开始找时，发现花园四周一片沉寂，连个人影都没有。她找了半天，一个人也没找到。这时她才明白自己上当受骗了：她们一定是跑到别处去玩了，也许还在那儿嘲笑自己呢。一种被抛弃被轻视被愚弄的委屈感顿时涌上心头，她幼小的自尊心受到了伤害，站在那里伤心地呜呜哭了起来。这时，大姐蔼龄跑了过来，替

她擦干了眼泪和鼻涕。美龄抽噎地问：“姐姐，我能长大吗？”“能，你一定能长成一个大人！”大姐安慰道。

儿时的印象是十分深刻的，很长时间宋美龄也无法摆脱这种挫折感。类似的事件使得她很难与他人推心置腹，和睦相处。在自卑中产生的尊严，使她容易激动，盛气凌人，令人觉得她高不可攀。她在过分激动的时候，往往突然出荨麻疹，浑身上下出现许多红色肿块或疹团，这种慢性皮肤病多年来一直困扰着她。

因为大姐蔼龄自小就帮助她、保护她，从未使她失望过，所以美龄对大姐产生了英雄般的崇拜，以后逐渐转化为深厚的爱。她对大姐几乎是言听计从。当蔼龄在家里发号施令、处理家务的时候，美龄总是在一旁聚精会神地看着，仿佛在做蔼龄的学徒，准备将来取代姐姐的角色。

宋美龄满 5 岁时，坚持要求随姐姐们去学校读书。美龄活泼调皮，胆大要强，从教室通往宿舍的楼梯间有一段漆黑的甬道，许多女孩子不敢走这段路，而美龄却几次从这里通过。老师鼓励其他胆小的孩子时总说：“你们为什么不像美龄一样从那里走呢？”受到老师的表扬，美龄自然十分得意，脸上笑意盈盈。其实，她心里比谁都害怕走那段路，只是硬撑着罢了，每次通过时都吓出一身冷汗，睡觉时总被噩梦困扰。

有一次，美龄躺在宿舍的床上，望着树影在窗子上晃来晃去，似鬼非鬼，吓得连连做噩梦，好容易从噩梦中挣脱出来，她睁大双眼再也不敢入睡，浑身一阵阵发颤。第二天，老师把这一情况通知给宋耀如。美龄被接回家去，由私塾先生教她，一直到几年后出国为止。

三姊妹中，父母最宠爱的就是宋美龄。也许她占了年龄最小的优势，也许她那楚楚动人、顽皮淘气的外貌更使人喜爱。就长相而

言，美龄像二姐庆龄多一点，疏眉细眼，小鼻子微微地朝上翘着，薄薄的两片小嘴唇像金鱼似的，两个小酒窝儿妩媚多姿。但她不如庆龄长得那么耐看。就性格而言，她像大姐蔼龄，庆龄比较文静、温柔，美龄则像大姐蔼龄一样显得傲气逼人，孤芳自赏。

㊁

1907 年夏天，宋庆龄和宋美龄跟随二姨夫温秉忠，乘坐满洲里号客轮前往美国。温秉忠在清政府任职，奉命率领教育事务团访美，顺便一路照看宋氏姊妹。经过半个多月的颠簸，满洲里号终于结束了横越太平洋的航行，抵达终点港旧金山。大姐蔼龄已经焦急地站在码头上翘望了，三姊妹相见，情深意浓。

宋美龄在皮德蒙特非常愉快地度过了 9 个月，对这个南方小镇充满了感情，就连她的英语发音都带有浓郁的南方乡音。在美国的日子里，宋美龄也时常以南方人自居。有一次，历史老师让她叙述谢尔曼将军在南北战争中进攻南方的经历。宋美龄当时忧郁地答道：“原谅我，这个问题使我很难过，因为我也是个南方人。”

宋美龄因为年龄太小，不够上大学读书的条件，甚至连作为“特别生”进威斯里安女子学院也不行。在她 12 岁时，该学院老院长格里退休了，新任院长安斯沃夫主教改变了非本院学生不得住在学院宿舍里的规定，这样宋美龄可以到宋庆龄身边来了。

宋氏三姐妹每人都在佐治亚州待过 5 年，但是美龄只有一年是正式在威斯里安女子学院念书的，其余 4 年都是由于打破或修改规定才收留她的。

1912 年，宋美龄终于正式成了大学一年级新生。1913 年春季

● 在美国留学期间的宋庆龄（右）、宋美龄（左）与宋子文（中）

学期期末，宋庆龄返回中国，宋美龄独自留在了威斯里安女子学院。为了和她在哈佛大学读书的哥哥宋子文离得近些，以便得到哥哥的帮助和照顾，宋美龄当年秋天便转学到马萨诸塞州的韦尔斯利女子大学，成为该校一年级的学生。

宋美龄是中西文化交汇点上的一个重要人物，是中国近代半封建半殖民地土壤中产生的一个中西合璧式的人物。留学美国 10 年，成为美国化的中国人，这对她以后数十年间，成为美国与蒋介石之间的穿线人物，有着重大影响。

1917 年，宋美龄以优异的成绩完成了在美国韦尔斯利女子大学的学业，7 月，她操着一口纯熟的美国南部口音的英语回到了上海。此时，宋家住在上海法租界霞飞路上一栋新买的小楼里。

不久前，宋庆龄与孙中山的婚事曾引起了轩然大波，令宋耀如夫妇十分难堪，并为此一度长吁短叹。由于同心爱的长子、幼女久别重逢，宋家才又恢复了往日欢乐和谐的气氛。在这个家庭大团圆中，最高兴的还要数母亲倪桂珍，她不顾自己身体欠佳，坚持要亲自上灶掌勺，中西餐兼有，做了满满一大桌子菜，招待远归的子女。这是举家团聚的日子，全家人都陆续落座，唯有宋庆龄不在。宋美龄转向妈妈，问了一句："二姐怎么没回来？"母亲的脸立刻阴了下来，"甭提她了，全当没有她。"很显然，倪桂珍的气还没全消。坐在宋美龄身边的大姐宋蔼龄见气氛不对，忙用手捅了捅美龄，小声对她说："庆龄已和孙先生结婚，现在广州。"父亲宋耀如也连忙打圆场，端起酒杯说："快端起酒，为美龄毕业平安归来干杯！"说完后，向宋美龄碰杯祝贺。在宋耀如的带动下，饭桌上的气氛立刻活跃起来了。一家人推杯换盏，其乐融融。饭后，宋耀如又邀请了一些社会名流，为女儿举行了一个接风舞会。宋家已经好久没这么热闹了，宋美龄也深深地沉浸在家人团圆的幸福之中。

㊂

二姐宋庆龄的婚姻遭到全家反对，这使宋美龄思绪万千，作为一个在美国长大的女性，宋美龄崇尚民主自由，反对中国的包办婚姻，同时她也知道中国的封建礼教难以冲破。宋美龄沉思了许久，终于拿定主意，她要掌握自己的命运，这样才能保护自己，才能避免自己成为传统封建婚姻的牺牲品。风姿绰约，举止优雅，魅力四射的宋美龄拥有无数的追求者，在婚姻问题上，她是慎重的。

男大当婚，女大当嫁，宋美龄不急，可急坏了父亲宋耀如。在他眼里，儿女成不了家，纵使有万贯家产，也是父亲的无能。宋耀如疼爱三个女儿，希望她们都有一个好的归宿。大女儿宋蔼龄的婚事是他一手精心操办的，虽说经过几番周折，但最终他总算慧眼识真玉，为女儿找了山西富家子弟孔祥熙。孔祥熙生财有道，且贪婪无比，一生敛积的钱财富可敌国。每当看到宋蔼龄一家和和美美、其乐融融的景象时，宋耀如打心眼里高兴，并为自己的成功感到自豪。然而，二女儿庆龄在婚姻大事上出了问题，成了他终生的一块心病。

按照当时中国的风俗习惯，宋美龄早已是一个待字闺中的大姑娘了。上海上流社会有不少翩翩少年在疯狂地追求她。然而，宋美龄却迟迟不作决定，以不准备结婚为借口挡住了追求者。她在寻觅，她在等待，她期望能出现一个叱咤风云的人物，能出现个“铁腕级”的英雄。她不想成为上流社会的一个阔太太，平平庸庸地度过一生，她要施展自己的才干，她要实现自己的抱负，这在当时的社会条件下，只能借助于丈夫的力量。功夫不负有心人，这位“铁

腕级”英雄终于出现了，他就是蒋介石。

在认识宋美龄之前，蒋介石已先后有过三次婚姻，即原配毛福梅、侧室姚冶诚、妾陈洁如。1922 年，也就是蒋介石与陈洁如结婚一年后，在上海莫里哀路孙中山的寓所，蒋介石初次遇见了宋美龄。虽说才和陈洁如新婚未久，甜蜜还洋溢在心头，但他一见宋美龄，便决定追求她，其决心之大，意志之坚，绝非简单地倾心于宋美龄的纤细身姿和花容月貌。那是一次聚会，宋美龄娇小的身材，娟秀的面庞，伶俐的口齿，把蒋介石惊呆了，他简直是如痴如醉。尤其是宋美龄那夺目的风采和广泛的交际关系，加上她那美国式的

● 1926 年蒋介石到上海孔祥熙寓所做客，与宋美龄谈心，孔夫人宋霭龄全力撮合他们的婚事

教养和气质，以及她背后的那个有财有势的家庭，更令蒋介石一见倾心。

然而，蒋介石追求宋美龄的最主要的目的还在于他要赢得孙中山的信任，以便成为孙的继承人。要得到孙中山的信任，最好的办法是成为孙中山的亲戚，与孙中山结成连襟，蒋介石自然明白裙带关系在中国的重要性。蒋介石的目的是成为中国的统治者，这就需要强大的军事力量和雄厚的经济实力。他深知宋美龄的哥哥宋子文是理财能手，而宋美龄的姐夫孔祥熙更是有名的大财阀，若与宋家攀上千丝万缕的关系，对蒋介石的仕途将是有利的。蒋介石决心一下，便制定了追求宋美龄的长线战略，他先向孙中山扣响了敲门砖。宋美龄是孙中山的妻妹，凭借孙中山的身份和地位向宋家提亲也许是条捷径。蒋介石利用闲暇之余，向孙中山道出了藏在心底的话：“我已无妻室，请问先生，宋小姐能听您劝说与我结婚吗？”很显然，他有意隐瞒了自己的发妻、侧室和新婚夫人。孙中山对蒋介石的风流韵事也略知一二，他当时没有明确表态，只是很含糊地说：“等等吧。”迟疑了一下，他又补了一句：“这主要看美龄的心思，她心高气傲，你先耐心等一等。”当孙中山把这件事告诉夫人宋庆龄时，宋庆龄气愤地说：“我宁可看到美龄死，也不愿看到她嫁给那个自称没有妻室的人！”孙中山并没有把宋庆龄拒绝的话转告给蒋介石，只是语重心长地对他说：“等一等吧。”孙中山的一句“等一等”，让蒋介石心凉了半截，但是，他并没有灰心，一次投石探路不成，他又向宋美龄的哥哥宋子文提出这门婚事。宋子文深知蒋介石的为人，当然就回绝了蒋介石。两次不行，也没有打消蒋介石追求宋美龄的念头，他又把目标瞄准了宋霭龄。蒋介石选择宋霭龄为牵线人，如同他选择宋美龄做妻子一样，具有战略眼光。

西格雷夫在《宋家王朝》一书中认为：宋霭龄始终是牵线的媒

人、策划者和家庭财富的创造者。把小妹美龄嫁给这个有权势的国民党军队总司令，难道不是一个绝妙的计划吗？“我们可以利用这个人。”她说。宋蔼龄认为这门亲事对大家有利，特别是对宋氏家族有利。对于蔼龄来说，还有什么比通过蒋宋联姻保证她在南京的影响更自然呢？于是宋蔼龄展开纵横捭阖之手段，使宋美龄相信嫁给蒋介石必能光耀门庭，幸福终生；使宋子文意识到若阻止这桩婚姻，他将一事无成；使母亲相信，蒋介石必将光耀宋家门庭。宋蔼龄开始为蒋宋联姻忙碌着。处理完这些棘手的事情，蒋介石把全部心思都放到向宋美龄求婚上。

● 蒋介石、宋美龄结婚照

在此之前，蒋介石曾采取以退为进的惯用手法，于“四·一二”反革命政变后，向国民党中央请假，到镇江焦山修身养性，并趁此机会，加深与宋美龄的感情。焦山，屹立在江苏镇江段的长江江心，江秀山青，风光绮丽。蒋介石已做好准备，邀请宋美龄与他同游焦山。1927 年 5 月 14 日，蒋介石派他的卫队长到上海去恭请宋美龄。5 月 15 日下午 3 时，宋美龄乘坐蒋介石派来的一列花车抵达镇江。蒋介石亲自

带人到车站迎接。为了讨宋美龄的欢心，他刻意打扮了一下，没穿军装，换了一套英国花呢西装，戴了一顶巴拿马金丝草帽，足蹬一双白皮鞋，打扮得容光焕发，颇有绅士风度。火车进站，蒋介石立刻走上花车，与宋美龄见面，握手言欢。而后，驱车来到江边，再换乘小汽艇，直驶焦山。江风习习，吹拂着宋美龄的秀发，轻抚着她那如花似玉的面颊。她望着焦山那雄奇秀美的景色，不禁深深地陶醉其中，对身旁的蒋介石也增加了不少好感。以后的 10 天里，蒋介石一直陪伴着宋美龄畅游焦山的名胜古迹，放情于水光山色之间。这次焦山之行，使宋美龄一颗彷徨的心不再犹豫了。

㊃

宋耀如逝世后，宋美龄和母亲及两个弟弟便搬进位于原公共租界西摩路一座杏黄色绿顶的花园官邸（今陕西北路 369 号），一直住到结婚前。此处住宅，就是上海人所称的宋家花园。这是一幢西欧乡村别墅风格的二层楼建筑。房子前面有一个开阔的花园，园内树木葱翠，芳草如茵。宋家花园这幢洋房建筑面积约为 600 多平方米，花园的面积约为 900 平方米。宋美龄住过的房间在二楼一朝北房间，朝东有一个小阳台，正对着黑篱笆外当时车来人往的西摩路。1927 年蒋介石回到上海，就在这里正式向宋美龄求婚。如今整个院子仍被两层楼高的藤篱笆严密地包围并呵护着，与宁静的居室一墙之隔的便是今世的繁华与喧嚣。

1927 年 11 月 30 日，也就是蒋介石和宋美龄结婚的前一天，蒋介石草拟了一份结婚启事，预备刊登在隔天的《大公报》的头版上。这则启事是这样写的："今日得以与最敬爱的美龄结婚，为有生

以来最光荣愉快之一日，余奔走革命以来，常于积极中忽萌退志，前辈常询何日始可安心工作，当时未答，今日圆满答复，即确信今日结婚后，革命工作必有进步，即从此可安心为革命尽责任。余深信人生若无美满婚姻，一切皆无意味，故革命当从家庭始，今日结婚实为建筑我二人革命事业基础。”这篇启事其实就是蒋介石告别旧生活、旧婚姻的一个宣示，一个崭新的生命正在等待蒋介石。

1927年12月1日，对蒋介石和宋美龄来说是一个永生都不会淡忘的日子，一场世纪婚礼马上要在上海的大华饭店揭开序幕。饭店建于1910年，是20世纪二十年代前后上海装饰最豪华的饭店之一，其位置就在今天南京西路江宁路口，可惜的是后为大火焚毁。如今，当年饭店的地方已经是梅龙镇广场，但却寻不回历史的痕迹了。当天下午3点5分，蒋介石和宋美龄先在宋家位于西摩路的娘家举行教会式的婚礼。为了筹办婚礼，西摩路的宋公馆早已布置得美轮美奂，喜气洋洋，婚礼礼堂设在宋家的西首花厅，这个地方是宋家日常举行盛大聚会的地方。

在花厅的正中央，悬挂了一幅宋耀如的遗照，厅堂中间有一张红长木方桌，上面摆了许多鲜花。另外从第一客厅到西花厅之间，还摆满了各界赠送的花篮，正中间的行道是鲜红的红地毯，礼堂的右侧是亲友的观礼处，厅外的右边是乐队的席位。

宋家是上海最大的资本家之一，而蒋介石又是革命军总司令，安全工作当然更不可忽略，在宋家和饭店都作了最周密的安排。在宋家，从当天上午开始，就有各路来的保镖，包括公共租界的警探、华人巡捕和西方巡捕好几人，在宋家门口站岗保卫，任何出入宋家的人，都要在宋家门口接受这些巡捕的盘查；而婚礼举行的地点大华饭店，门口的警卫则是由蒋介石亲自派了手下的卫兵，密密麻麻地布满了饭店周围，此外还有上海原来的黑道头子，后来当

● 婚后与丈夫移居南京的宋美龄，这个时期在政治中所扮演的角色虽然较为潜沉，却是蒋介石最重要的精神支柱和得力助手

上了上海巡捕头的黄金荣，统率了十几名干将，站在门口值勤。为蒋宋联姻，上海地头上的黑白两道精锐尽出。

蒋介石和宋美龄的婚礼仪式分为两个部分，第一个阶段是在宋家，先举行家庭婚礼仪式，再到饭店，完成公开的婚礼仪式。

下午 3 点，宋宅奏起了基督教圣乐，一位男高音高声唱着圣歌，唱完之后，大厅内响起了钢琴的乐音，音乐声中，穿着深色西装的蒋介石在男傧相刘纪文的陪同下，缓步走到摆满鲜花的长桌前站定，然后，主持宗教仪式的余日章牧师开始致词，讲话结束之后，就由新郎和新娘宣讲各人的誓词。

蒋介石的誓词念道："我蒋中正，情愿遵从上帝的意旨，娶宋美龄为妻，从此以后，无论安乐患难，健康疾病，一切与你相共，我必尽心竭力地爱你敬你，保护你，始终不渝，上帝实临鉴之……"

接着由宋美龄念她的誓词："我宋美龄，情愿遵从上帝的意旨，嫁你蒋中正，认你为夫，从今以后……"

讲完誓词，两人就互相交换戒指，蒋介石将戒指套在宋美龄的手指上时，微微低着头，对宋美龄这位新婚妻子微微一笑，宋美龄也回眸报以一笑。

家庭婚礼正式结束，紧接着是公开仪式的婚礼。

下午 4 时许，蒋介石和宋美龄从宋家赶到大华饭店，那时饭店门口早已挤满了想一睹新人风采的民众，二位新人基于安全原因，由保镖护卫，从饭店靠静安路的侧门进入饭店内。

当蒋宋二人走进礼堂时，司仪邵力子，以洪亮的嗓音，高声宣布请来宾入席，全体贵宾于是鱼贯入座，主婚人蔡元培及证婚人都相继入席，蔡元培站在中间的主位，男女双方证婚人，包括何香凝、王正廷、蒋锡侯、李德全、谭延闿、余日章等人，全部也都站定，司仪于是高喊："请新郎入席！"

● 1942 年 4 月，蒋介石夫妇和史迪威在缅甸梅苗期间留影

这时，所有的观礼人员都屏气凝神，等待这一幕最高潮的景象。几秒钟后，蒋介石在男傧相刘纪文的陪同下，慢慢走向结婚礼堂，现场来宾响起一阵热烈的掌声。就在同一时刻，悠扬的乐声响起，在和缓优美的婚礼进行曲中，在二位捧着鲜花的少女（一位是陈明月小姐，一位是周稚英小姐）伴随下，宋子文挽着妹妹的手，新娘宋美龄沿着鲜花铺成的甬道缓步向前。女傧相是王正廷的女儿，另一位是倪吉贞小姐，王小姐用手扶着宋美龄，后面还有两位花童，分别是宋美龄的外甥女孔令伟和外甥孔令杰。

庄重的乐声中，宋子文把妹妹交给了新郎蒋介石。这天的宋美龄格外美丽动人，雍容华贵，新郎和新娘在礼堂正中央站定位后，

● 1957 年宋美龄、蒋介石夫妇在士林官邸拍摄此照

所有的来宾全体起立，在司仪的口令下，新人向着国旗、党旗、孙中山遗像行三鞠躬礼，然后由主婚人蔡元培宣读结婚证书，随后一对新人用印，4点37分用印完成，司仪要一对新人相向，面对面行鞠躬礼，全场又响起了热烈的掌声，新郎蒋介石这时粲然一笑，二位新人这时向前方站立的主婚人和证婚人一鞠躬，又向来宾一鞠躬，博得了全体来宾一致热烈的掌声，这项上海有史以来最为轰动的婚礼，终于大功告成。

● 1943年2月18日宋美龄向美国国会发表历史性的抗日演说，受到全美舆论界与政界的一致赞扬。3月1日出版的《时代》周刊以中国第一夫人访美为封面故事，这是该杂志唯一一次单独以宋美龄为封面人物。

宋美龄和蒋介石于婚后迁入了位于贾尔业爱路的寓所（今东平路9号）。这幢法式洋房是当年宋美龄结婚时的嫁妆，外墙嵌黑白黄色鹅卵石，有两层楼，二层有内阳台，铺红色平板瓦，主楼分三部分，中间券门较大，有内廊。楼前原有一片约30亩的大花园，内有草坪、假山、小溪。蒋介石将此宅题为“爱庐”，二字就刻在院内假山的石头上。如今，“爱庐”已成为上海音乐学院附中的一幢普普通通的教学楼，一楼、二楼是排练室，另外的一部分则成了餐厅。悠扬的琴声从老旧的窗口传出，仿佛是在伴随着老房子那亘古不变的贵族气息。

⑤

宋美龄婚后成了中国第一夫人，可真正让她的影响力在国内达到顶峰的是抗日战争，宋美龄经常追随丈夫到各个战场上，亦步亦趋。大约 10 年间，宋美龄经常是在旅途上奔波的，她的足迹在那时踏遍了中国。1936 年西安事变，更是扬名中国。战争中，宋美龄一次又一次出使美国，风光无限，扮演着美国与蒋介石之间穿针引线的角色。宋氏姐妹政见不同，离开上海之后，也多年未曾团圆。在上海不曾圆过的月亮终于在重庆圆了一次。

1942 年，宋美龄去新疆迪化视察回来后，就立即策划举行一次中秋节的家庭聚会。清晨，山城雾气缭绕，多了几分凉爽。宋美龄带着她从新疆带来的消暑品，驱车来到二姐宋庆龄的住宅。听到车鸣声，正在阅读英文报纸的宋庆龄起身迎了过来。“啊，我以为是谁呢，是小妹。你什么时候回来的？”见到小妹，宋庆龄也很高兴。

“昨天下的飞机，今天就看你来了。”进屋后，宋美龄示意侍卫官把她带给二姐的东西呈上，“这是我从新疆特意为二姐带来的土特产品，供你尝鲜消暑吧。”

“小妹还想着我，小妹送的东西我不能不尝。”宋庆龄满脸高兴。 宋美龄观察着二姐的脸色，见她和往常神态不一样，马上向二姐身旁挪了挪藤椅，微笑着说：“二姐，你知道明天是什么日子吗？”

宋庆龄摇了摇头：“这些日子简直把我弄得晕头转向，不是视察防空洞，就是视察孤儿院，什么日子都记不清了。”

“告诉你吧，明天是八月十五月儿圆。” 宋美龄借机又讲起了在美国求学时二姐为她们分月饼的事，说：“那时我还小，不懂事，二姐分了我一块，我还嫌小，抗议二姐不公哭鼻子哩。”

“是有这么回事。”宋庆龄的脑海里也浮现出三姐妹在美国留学时那无忧无虑的生活，脸上绽放出笑容。

宋美龄见火候已到，趁热打铁地说：“二姐，有言道，月是故乡明，情是姊妹真。明天晚上，咱们兄弟姊妹也一起赏赏月吧？”宋庆龄沉默。

“咱们不在外面饭店，就在自己家里，或者在你这里，或者在我那里都可以。亲不亲，同胞分，什么问题，只要与姊妹之情相比，都是微不足道的。二姐，你说是吗？”宋美龄说道。

● 抗战时期，宋美龄在重庆郊外向大姐、二姐说防空设施

“小妹，要是在我这里，委员长能屈尊前来吗？”宋庆龄含蓄地说出了自己的顾虑。宋美龄当然心领神会，上次就因为自己说蒋介石要出席，二姐拒绝了。二姐此话定是投石试探，她早有准备，说：“委员长明天要坐飞机到昆明视察，怕是想参加也难了。我看他不参加更好，免得扫了我们兄弟姊妹的兴致。”“也好。”宋庆龄终于点了点头。

“二姐，你答应了！”宋美龄非常高兴。殊不知蒋介石第二天压根就没有到昆明视察的意图。为了兄弟姊妹的团圆，宋美龄故意扯了一个谎。

“二姐，你这里屋小不方便，就到我那里吧。我要亲自掌勺，让你尝尝我的手艺呢。”宋美龄眉飞色舞。“也好。”宋庆龄点了点头。

八月十五的满月非常好看。她镶嵌在青碧如海的天空，投下淡淡的银光。黄山官邸耸立在银光下面，楼前是一片白灿灿的花朵，还有山、石壁、桃树、柳树，各有各的颜色和形态。黄山官邸的宴会厅里也甚是热闹。宴会厅内的十几台大吊扇一齐开动起来，阵阵凉风送爽，宋氏兄弟姊妹六人以及他们的家眷、司机、侍卫官足足摆了五大桌。十几名侍者身穿全套白色制服，有的在一旁悉心伺候，有的满头大汗地跑来跑去，忙着上菜。

为了全家的团圆，今晚他们辞去了一切公务，在太阳落山时，相继来到了黄山官邸。五个大大的餐桌上摆满了高级厨师做的名菜，还有点心、水果、冰激凌。

宋美龄的开场白只有短短的几句话，情真意切，真挚动人，使全家人都兴奋起来，连连举杯庆贺这多年不曾有的团圆。

兄弟姐妹间那手足情深之情在不知不觉中又被唤起来，在大姐“莫谈国是”的戒令下，兄弟姐妹们尽情开怀畅饮，倾腹吐心。以前，他们在大庭广众面前所表现的尊严，在这种场合下，已不再粉饰。在亲人的面前，都把自己的真性情暴露无遗，尽情享受着这团圆的欢乐。

● 宋美龄与“女国代”合影

酒足饭饱后，自然是尝饼赏月。坐在官邸的草坪上，银灰色的月亮

● 宋美龄在美国的居所

挂在天空，是那样的皎洁纯美。宋氏兄弟姊妹围着圆桌，圆桌上摆着像月亮一样圆的特制枣泥馅大月饼。宋蔼龄负责把月饼切开。

宋庆龄捅了捅席地坐在身边的美龄，说："小妹，这次我给你挑个大块的，免得你再当面向我哭鼻子喽！"

"你真坏，二姐。"宋美龄咯咯地笑了，去打庆龄。宋庆龄直向大姐求助："大姐，你不管呀，小妹要打我。""别闹啦，快吃完咱们去看舞会。"宋蔼龄笑着说。

晚上 9 点，宋氏一家准时来到了重庆大酒家的舞厅。尽管他们没有声张，在侍者的陪同下，在舞厅旁的长椅上悄悄地坐了下来，可还是被一些敏锐的目光发现了，顿时舞厅内引起了一阵不小的轰动。

经过宋美龄的多次努力，宋氏兄弟姊妹们终于走到一起来了，这是可喜的，这是大革命失败之后的第一次，也是最后一次。

解放战争之后，国民党无奈之下撤到了台湾，宋美龄也陪同蒋介石去了台湾，从此她再也没有踏上过祖国大陆的土地，更永远的离开了养育她的上海。无论是在台北还是在纽约，宋美龄都无法再拥有当年的权力与荣耀。上海是一个旧梦，她始终不曾忘记，她曾多次说："上海是我的第二故乡。我对它有特殊的感情。我之爱恋它，更甚于自己的祖籍海南岛。"在她的晚年，客居于纽约长岛，只有孔二小姐相伴，远离了权力斗争，亲人都已离开，膝下空虚，心中异常寂寞。姐姐宋庆龄去世时，她甚至不可能去吊唁，属于她的时代早已过去，只留下了解不开的哀愁围绕在她的身边。

潘玉良之“幸运”

一枝独秀的青楼女画家

翻开中国近现代画史，一位富于传奇色彩的女画家就会跃入眼帘。她是民初女性接受新美术教育成为画家的典型，她以常人难于想象的毅力付出了许多牺牲，用自己一生的承诺实践着对艺术的追求。她，就是我国著名旅法画家潘玉良。以上海为起点，潘玉良曾两次远渡重洋，在异国他乡的巴黎孜孜不倦地从事艺术活动达50多个春秋，完成了她从孤儿——雏妓——小妾——艺术的追求者——中国最高学府的教授——世界艺坛著名艺术家的传奇一生。她的油画作品融合中西，色彩线条互相依存，用笔俊逸洒脱，气韵生动，赋色浓艳，雍容华贵，别有趣味。作为外国人眼中有艺术天分的中国人，她的作品曾多次入选法国具有代表性的沙龙展览，并在美国、英国、意大利、比利时、卢森堡等国举办过个人画展，曾荣获法国金像奖、比利时金质奖章和银盾奖、意大利罗马国际艺术金盾奖等20多个奖项。在她不平凡的一生之中，除留给世人的2000多件艺术作品外，还留下了许多不平凡的传奇故事。

㈠

潘玉良，原姓张，出生在古城扬州一个贫民家里。一岁时丧父，两岁时姐姐死了，到了8岁时唯一与之相依为命的母亲也不幸离开了人世，失却了生存支柱，孤苦伶仃，被舅舅收养。谁想舅舅好赌成性，在她13岁那年，为偿还赌债舅舅竟把她骗到芜湖，卖给了县城的怡春院，当了雏妓。

在多次逃跑上吊均以失败而告终后，小潘玉良的心渐渐地冷了下来。在这该受诅咒的妓院里，她从来的第一天起就没有了做人

的自由，和其他姐妹们一样，她只是老鸨眼里的赚钱工具。尽管如此，在她心里，总是有一丝连她也说不清的希望始终藏在深处：我会出去的，我会出去的。她每天都会这么模模糊糊地想。

17 岁那年，潘玉良因姿容清秀，气质脱俗，渐已芳名远播，成了芜湖地界令人瞩目的一株名花。这年，正巧海关监督潘赞化来芜湖上任，当地乡绅富豪为了讨好他，特地选玉良来弦歌助兴。在接风宴席上，玉良轻拨琵琶，慢启朱唇，珠圆玉润，一曲《卜算子》古调在厅内婉转回荡：

不是爱风尘，似被前缘误。
花落花开自有时，总赖东君主。
去也终须去，住也如何住。
待到山花插满头，莫问奴归去。

曲子重复了两次，凄怨悠远，渴望幸福和自由的旋律，在厅内久久萦回。潘赞化原是桐城才子，早年留学日本，毕业于早稻田大学，后追随孙中山参加过辛亥革命，是反封建反压迫运动中的风云人物。不意在今天的应酬场合，竟听到如此辛酸悲凉的唱腔，不由他对眼前这位青楼女子细细地打量起来，良久之后，他试探性地问玉良："这是谁的词？"玉良一声长叹："一个和我同样命运的人。"

潘赞化又问："我问的她是谁？"玉良像是回答又像自语道："南宋天台营妓严蕊！"潘赞化暗暗地点了一下头，凝神地瞅了她一眼："嗯！你倒是懂点学问。"听到夸奖的玉良有些腼腆不安，红了脸答道："大人，我没念过书。"潘赞化感到意外地"啊"了一声，一缕惋惜怜爱之情油然而生："可惜呀，可惜！"这不过是短短的一两分钟的对话，却被商会会长意味深长地看在了眼里，盘算在了心里。

● 自画像　油画

当晚，潘玉良被满脸堆笑的老鸨和商会会长逼上了车，作为他们孝敬总督的礼物送进了潘家宅邸，要她好生侍候总督大人。当她战战兢兢地来到潘赞化的房门外时，潘大人出乎意料地派人把她送了回去。为了照顾她的颜面，约她第二天去看风景并送了她一包银子给老鸨交差。回到怡春院后，潘玉良因没达到此行的目的而挨了一顿打骂，但内心却第一次感到了轻松，在度日如年的漫漫长夜里，她第一次体会了一个男人的善良和爱护。第二天，她如约前去陪潘赞化出游，在美丽如画的芜湖风景里，她恍若隔世般地沉浸于潘赞化对名胜古迹的耐心讲解，忘了自己身份的低微，更忘了世人的冷眼和歧视，这真像一场梦啊，这场景不正是她内心深处的那份渴望吗？敬仰和爱慕使玉良不曾开启的少女情怀如花般绽放。

夜幕又一次不遂人愿地降临了，潘玉良听到了潘大人吩咐车夫的声音：“送张姑娘回去。”回去？她蓦地一惊，老鸨和会长交代的任务又没完成，回去就意味着万劫不复，与其让他们折磨死，不如冒险求求潘大人，这是她目前唯一能够得救的出路了。主意拿定，玉良“扑通”一声跪在了潘赞化的面前，泪水盈盈地恳求道：“大人，求求您，留下我吧！”她的这一举止使潘赞化有些吃惊，他确实同情和怜惜这个文静雅致的姑娘，但是已有妻室的他却从没想过这个念头。望着潘赞化不解的目光，玉良鼓足勇气说：“他们把我

● 歌舞艳声图（局部） 15.5×77 厘米 国画

当鱼食，想钓你潘大人上钩，一旦你喜欢上我，就找你讨价还价，给他们货物过关行方便，否则就以你狎妓不务关务，败坏你的名声！你若赶我回去，他们就说我无能，就会找流氓来害我，我知道大人是正派人，留下我对你不利，可我没办法啊！”这一席话使潘赞化的面孔上现出严峻的神色，他没再说什么，转身走了出去，当夜将自己的卧室给了玉良住，自己在书房支了一个床铺。

这一夜，潘玉良辗转反侧，很久没有睡着。潘赞化冒着嫌疑，不顾忌自己的名誉收下她，又让出了房间，让她觉得不安。她并没想到自己这一勇敢的决定不但改变了她的一生，而且为中国增添了一名世界性的艺术家，她只想到不用再回怡春院了，是正直的潘大人救了她，她一定要好好报答大人的一片好心。一股莫名的暖流

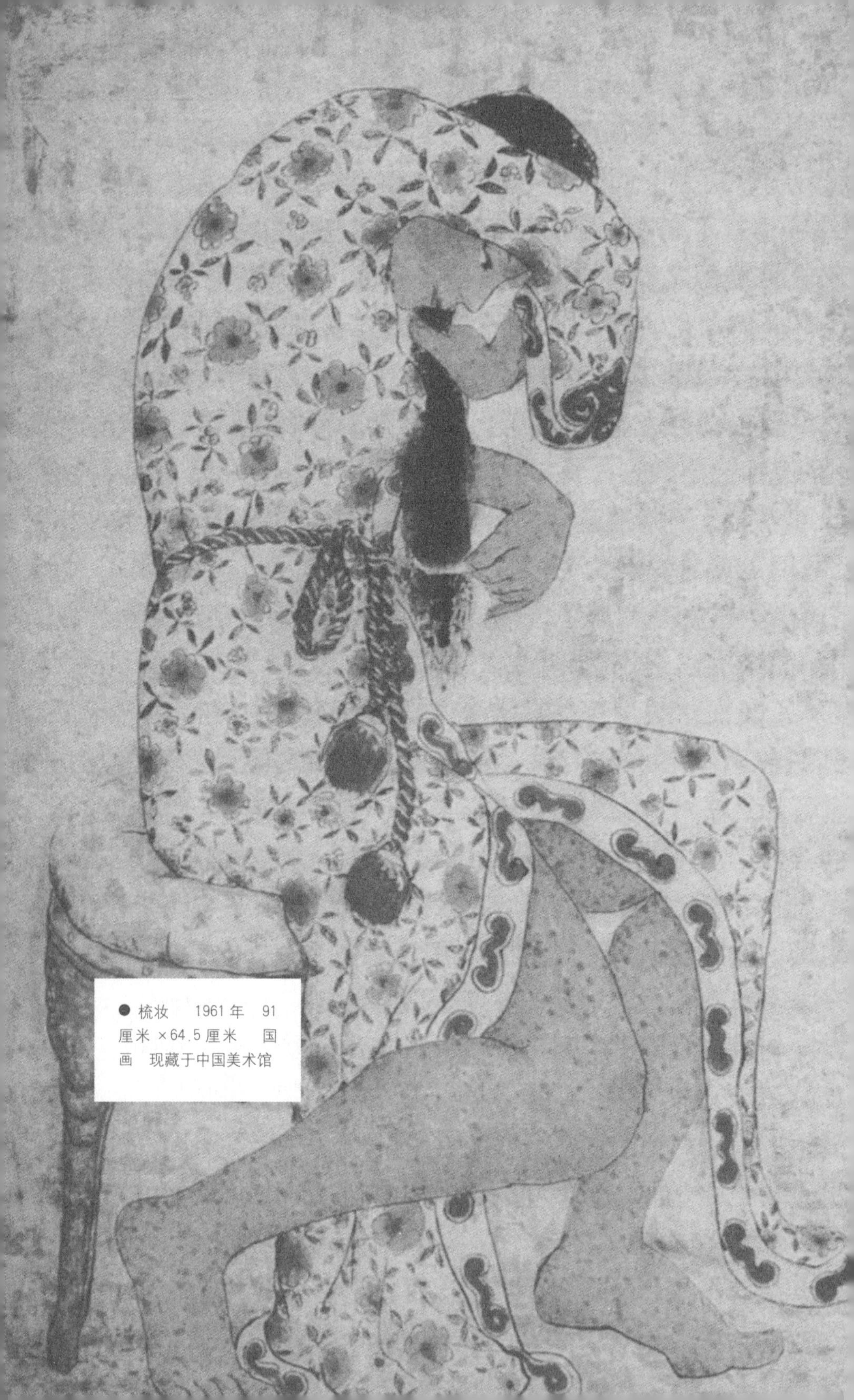

● 梳妆　1961年　91厘米×64.5厘米　国画　现藏于中国美术馆

使她有些兴奋，怎么也无法入睡，索性悄悄起床，披上外衣，坐在案前，捻亮了灯，找了一张纸，在上面画起了她从小喜爱并熟悉的莲花。

阳光似乎在一夜之间照亮了潘玉良的生活，她觉得自己一下子有了依靠，有了期待，有了对正常生活的渴望，这种感觉在潘赞化带给她一套新编高级小学课本并手把手教她识字时更为强烈。她不敢奢求什么，只要能在潘大人的身边做一个佣人，能天天看到他，听到他的教诲，她就心满意足了。因此当潘赞化决定把她赎出来，送回老家做一个自由人时，她就像羊羔一样无助。在这个冷酷的世界上，她早已没有了亲人，在她的心中，潘大人就是她的亲人，是她能够领悟生活也有美好一面的明灯，他不知在什么时候已经变成了她的唯一，离开了他，她将一无所有。于是，她再一次地求他让她留下来，而这次，她的真情彻底地打动了潘赞化的心，他对姑娘的心岂无所知？他长她12岁，又有了妻儿，他不愿意委屈了这位聪明纯洁的姑娘。可外面早已是满城风雨，谣言纷纷，舆论已经把他们的命运连在了一起。

1913年，潘玉良和潘赞化在陈独秀的证婚下，正式结成伉俪。新婚之夜，玉良改张姓潘，一为显示自己对丈夫的感激之情，二为表示自己新生活的开始。

㈡

婚后不久，潘玉良随丈夫告别了伤心之地，来到上海，安置了新居，崭新的生活开始了，她像春暖花开时节的雏燕，迎着明媚的春光，要学着飞向天空。

他们住进了渔洋里一幢石库门房子，渔洋里是上海一条普通的街道，路窄房低，居住的多为中下层知识分子，《新青年》杂志就诞

生在这里。他们所住的院子不大，一条灰砖砌的围墙低矮得像一只桶箍，松散地圈着一楼一平两列排成角尺形的半旧房屋，角尺的空当，长着一棵香樟，地下积了层已变枯干了的像细碎桂花样的樟花余香仍然清洌芬芳。他们花了几天时间购置了必需的生活用品，布置好了房间，经过玉良的双手，这个小家已显得典雅洁净。她还特地把她画的凝聚着他们爱情的“荷花”，也从箱子里拣出来，贴在他们卧室的墙上。

为了不中断玉良的学习，忙于商务的潘赞化为她聘请了一个教师，请来的先生每天上午为玉良上三小时课，下午玉良就做练习。她如饥似渴地学习，长进令老师感到惊奇。有一天，她无意经过邻居洪野先生窗口，发现洪先生在作画，从此她就常常偷偷逗留这窗前，屏声静气地观看，尽管每次都是静悄悄，后来还是被洪先生发现了。洪野当时是上海美术专科学校色彩学教授，在见到了潘玉良自己临摹的习作后，他不相信地看了玉良一眼，这哪像一幅完全没有受过正规教育的人的习作，在得到了肯定的答复后，她激动了。从此，家务之余，潘玉良随洪教授学习绘画，开始了她充满坎坷的从艺之路。由于潘玉良天资聪慧，毅力过人，因而进步飞速。洪野先生给潘赞化的信中欣喜地写道：“我高兴地向您宣布，我已正式收阁下的夫人做我的学生，免费教授美术，她在美术的感觉上已显示出惊人的敏锐和少有的接受能力。”

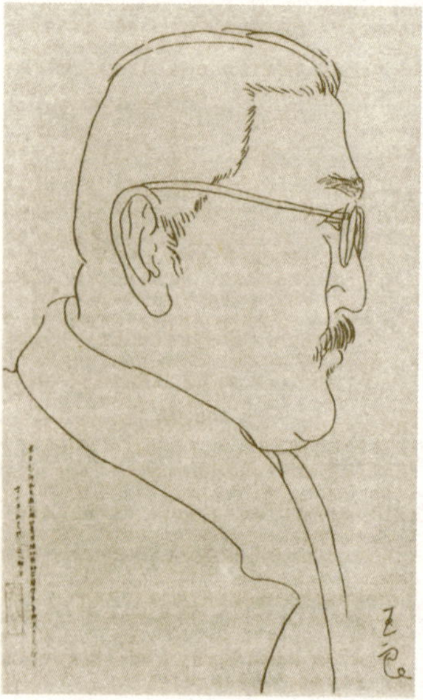

● 为丈夫潘赞化造像　1937 年　速写

1918年，在丈夫和老师的鼓励下，潘玉良报考了上海美术专科学校，面对众多参加考试的考生，她从容不迫地挥动着画笔，顺利地完成了答卷，当洪野老师告诉她，她的成绩是最好的时候，她是多么的激动啊！她以为终于以自己的努力赢得了别人的肯定，可是在发榜的那一天，她找遍名单也没见到自己的名字。原来当时的教务主任考虑到美专为画模特儿一事已经引起一次风潮，受到了社会的攻击，再接受一个出身青楼的女子入校，可能会把学校的牌子砸了，竟没有录取潘玉良。这个消息无情地粉碎了玉良满是希望的心，她的脸在瞬间苍白了，一路踉跄着回到住处，她竟然连哭的气力都没有。艺术是真实的，严肃的，可是来为艺术制定标准，建立规则的人却是虚伪的，肤浅的。社会的舆论，封建的卫道士，这些就像一条无形的绳子，紧紧地拴在艺术的脖子上，使它在20年代的中国举步维艰。

● 潘玉良 1940年 照片

苏州河边，心灰意冷的潘玉良静静地站着，任河风默默地吹着她的秀发，憔悴不堪的脸上像冻了一层冰。为什么，为什么老天对她这么不公？为什么人们总是揪着她的过去不放，而不肯给她一个做人的机会？她原以为嫁了人，远离了是非之地就可以重新生活，谁知噩梦中那狰狞的耻辱竟如此的根深蒂固。“玉良，玉良！你被

● 我的家庭　1931 年　油画

正式录取了！真的，刘校长亲自来通知你啊！”洪先生惊喜的声音打断了她的冥想，她回头正迎上刘海粟校长那慈祥的笑容。真的，这是真的，刘校长在真诚地向她祝贺。老天，老天听到了她的呼唤，她一下子哭了出来，可这泪里含着笑啊！

进入上海美术专科学校后，潘玉良十分珍惜这次难得的机会，勤奋刻苦，成绩优异，经常受到教师和校长刘海粟的激励。黄浦江边的晨曦，苏州河畔的落日，虞美人的墓地，黄道婆丝业的遗址，一张张画卷，送走了第一个学年。第二学年开始，班里开设了人体素描课，面对健美的裸体少女，风景画一向优秀的潘玉良找不到了以往的自信，很少挨批评的她第一次感到了难过。一天，她到浴室洗澡，看着雾气腾腾的洗浴间，她的眼睛放出了光彩，虽然开了一年的人体课，画模特儿的机会还是很少，她很不满意自己这门功课的成绩。学西画这是个关键的课程，她很想能多有些机会来练习。这不是个练习人体动态的好机会吗？她放弃了洗澡的念头，就跑回宿舍，拿来了速写本和铅笔，借卧位的一隅，迅捷地画了起来。她沉浸在艺术实践的兴奋中。浴池的哗哗水浪和特有的嗡嗡声响，她一概听不见，她思维的弦紧紧拴在健美的人体和线条之中，灵感启开了感觉的心扉，笔尖流泻出浓淡相间感觉准确的线条，几笔就能构成一个潇洒的体态，几张浴女群像一挥即就。就在她全心全意作画时，不幸被一个好奇的女人看见，于是一场骚乱开始了，混乱中她死死地把画护在胸前，在一位曾在美专做过模特的女孩帮助下，狼狈地逃离了浴池。

这一场意外的风波，使她受了不少惊吓，为了避免此类事件再次发生，她决定以自己为模特儿。星期天，她回到家里，插好门窗，拉上布帘，生起一盆炭火，室内暖洋洋的，她坐到穿衣镜前，慢慢地脱去衣服。整个下午，她都沉醉在艺术冲动里，不曾歇息。这张不完全肖似自己的裸体画，她仿佛能触摸到肌肉的弹性，

● 与友人在一起　照片

能感觉到血液在皮下流淌，在巧妙地隐去了面孔后，她满意地笑了。这一被命名为《裸女》的习作，后来在学校举办的师生联合展览会上展出，一时轰动全校。校长刘海粟召见了她，亲切地询问了她这幅作品的成因，她如实地讲了。刘校长默默地看着脚下的泥土，脚尖敲打着地面，良久才说话："玉良女士，西画在国内的发展受到很多限制，毕业后还是争取到欧洲去吧！我来给你找个法文教授辅导你学习法文！"

在征得丈夫的同意和支持后，潘玉良自上海启程，满怀憧憬地踏出了她求学欧洲的第一步。到达法国后，她先在里昂中法大学补习了一个月法语，就以素描优异的成绩考进了国立里昂美专。1923 年，又转插到巴黎国立美专，师从达昂 · 西蒙教授。这期间，她与中国同学徐悲鸿、邱代明等，在巴黎的凯旋门，在波光粼粼的塞纳河上留下足迹和身影。两年后，其绘画天赋得到罗马国立美术学院绘画系主任康洛马蒂教授的赏识，直接升入该系三年级学习，成为该院的第一位中国女画家。艺术之都罗马，它以规模宏大的古代建筑和丰富的艺术珍藏称著于世界，在这里，她成了高级学术权威琼斯教授的免费学生。1928 年，她油画专业毕业，正式考入了琼斯教授所授课的雕塑班。

远在国外的潘玉良并不知道，这一时期国内虽然取得了北伐战争的胜利，但许多军阀却摇身一变成了民国的新贵，引起了人民和同盟会会员的不满。潘赞化的老友柏烈武几乎为此罹罪杀身，他也受到牵连，丢掉了海关监督，只在南京政府实业部给他安排了个专员闲职。本来就很少的留学津贴，早就时断时续，再加上丢掉官职的潘赞化心里不快，也很少给玉良写信。这样一来，即便是节衣缩食，她的生活还是受到威胁。她不得不常常饿着肚子去上课，脸颊在饥饿的侵蚀下渐渐清瘦，变得灰黄起来。

1929年的春天，她一连四个月没有接到家信和津贴，身体虚弱得连走路都觉得有些吃力，雕塑时往往感到头昏眼花，体力不济，但要强的她没有告诉任何人，咬咬牙休息片刻，又继续学习下去。终于她发现自己的视力不行了，离她不太远的模特儿，她分不清鼻子眼睛的位置了。连塑架上的泥胚也模模糊糊。就是自己手中的泥土，她也辨不清颜色了。她害怕了，她要是失明了，那课怎么办？完不成学业，她怎么回去见亲友和老师？她的异常引起了琼斯教授的注意，在知道了事情的原委后，教授的眼睛湿润了：多好的学生，艺术的生命力，就是无数像潘玉良这样爱艺术，视艺术为生命的人以锲而不舍的精神支撑起来的。“你一定要去治疗，画家怎么能没有眼睛？”教授激动了，他捧着同学们和自己的捐款，用劝慰的口气说：“这不是募捐，也不是可怜。这是抢救艺术，抢救为艺术而工作的眼睛。快收下吧！”潘玉良犹豫了，她感谢大家对她的关爱，可是强烈的

● 梨子与水果刀　1942年　54厘米×65厘米　油画

● 初到巴黎　照片

自尊心使她不想给大家添麻烦。正在双方相持不下时，她收到了欧亚现代画展评选委员会给她的汇款，上面附言：“潘张玉良女士，你的油画《裸女》荣获三等奖，奖金五千里尔。”正是这笔雪里送炭的汇款，帮她战胜了饥饿，顺利地通过了毕业考试和答辩。在即将举行毕业仪式时，潘玉良与在欧洲游历的母校校长刘海粟不期而遇。异国重逢，她无比激动，一把抱住老校长，一句话也说不出来，眼眶里只是泪花。第二天，她特地邀请老校长参观了她和同学们的画室，在老校长的面前，琼斯教授把赞美之词毫不吝惜地给予了潘玉良，异国教授和同学的推崇使老校长为自己的学生感到非常快慰和自豪。当下，刘海粟校长给玉良写了聘书，回国后，聘任她任上海美专绘画研究室主任兼导师。

㊂

1928 年冬季，带着圆满和喜悦，潘玉良学成归国，结束了九年异国漂泊的艰辛日子，受聘于上海美术专科学校任西画系主任。两个月后，王济远先生为潘玉良在上海举办了“中国第一个女西画家画展”。这次画展共展出了 200 多件作品，震动了中国画坛，《申报》为此发了专题消息，远在罗马的刘校长得知后也发来电报祝贺。第一次画展的成功给刚刚回国的潘玉良带来了极大的自信，她再接再厉，1932年，在上海举办了第二次个人画展，游欧回国的刘校长亲临画展，校长在那张《浮山古刹》前停住了，他指着画对身旁围观的人说：你们看，好一座别致有趣的古刹，可谓是淋漓逼真，惟妙惟肖，它说明了作者西画功底坚实，也表现了技巧的纯熟，意境不错。在场观者无不赞同，可老校长话锋一转："可是，我不喜欢也不主张这种素描，我主张借鉴西方的艺术，用以丰富和发展我国的绘画艺术……"玉良受到了震动，她认真思量，自己作品缺乏个性，之后，为了充实和丰富自己的艺术营养，她走遍黄山、庐山、浮山、扬子江等地，以小学生的谦恭，广拜名师，古从石涛、八大山人、沈石田，近到齐白石、张大千、刘海粟、黄宾虹、林风眠，采百家之长，酿自我之蜜，在峰巅、峡谷、画室、课堂、河畔、林荫奋战。两年后她展出了别开生面的新作，受到了人们的赞誉。她的第四次画展在明复图书馆开幕，展出了百件近作。其中《我的家庭》、《瘦西湖之晨》、《白荡湖》和《春》引起了画坛的轰动。参观者车水马龙，川流不息，把个明复图书馆搞得热闹空前。还有不少美术青年，不远迢迢千里，慕名而来。她常常被他们围住，向她讨教绘画技法。

正是潘玉良事业鼎盛时期，日本发动了蓄谋已久的侵华战争，中国处在了民族危难之中，成千上万的难民流离失所，无家可归，挣扎在死亡线上。面临着亡国灭种之灾，不愿做亡国奴的人们，掀起了大规模的救亡运动。抗战期间，潘玉良以极大的热情投身于当时美术界义展义卖活动，发表讲话，谴责一些"知名人士"远离现实话多画少。结果受到一些无耻之徒诽谤攻击"妓女不能玷污象牙之塔"等等谗言污语。玉良不为所动，她以加倍的努力投身艺术创作和社会活动。她创作油画"白菊"，寄托自己对艺术，对爱情的无限忠诚。1936年，她举办第五次个人画展，这成为她在祖国的土地上最后一次画展。展品中有幅大型油画《人力壮士》，画面上

● 自画像（1944 年） 90 厘米 ×64 厘米 油画

所表现的是一个裸体的中国大力士，双手搬掉一块压着小花小草的巨石。践踏东三省的铁蹄，虎视神州大地的充血眼睛，怒吼的风云，受难的苍生，人民的呼号，权贵的置若罔闻，在她心中组成了一支悲壮的大合唱。她想借着对力的赞美，来表达对拯救民族危亡英雄的敬意。前去参观的许多观众久久地停留在这幅画前，默默地感受它的震撼。潘玉良很爱这张画，想自己保藏。然而画展开幕那天，教育部长王雪艇提出要买这张画，她也不好拒绝，以 1000 大洋定了下来，议定画展闭幕时取画。不料就在这天晚上画展遭破坏，《人力壮士》被划破，边上还贴了张字条："妓女对嫖客的颂歌"。旧时伤疤又一次被别有用心的人残忍地揭起，潘玉良呆立当场，望着被破坏的乱七八糟的展厅，一种深入骨髓的悲哀不可遏制地涌上了心头。多少年了，有些人还是不肯放过她的过去，可是现在的潘玉良不再是当年那个柔弱的小姑娘了，多年的风雨磨难早已使她学会了坚强和容忍。她应该坦然和微笑面对宵小之徒的攻击，这些人的非难，不正从一个侧面反映了自己的成就吗？

㊃

1937 年，因潘赞化大夫人对自己出身的时时指责，不愿让丈夫为难的潘玉良借参加巴黎举办的"万国博览会"和举办自己的画展的机会，再次赴欧，此后就客居巴黎 40 多年。她再到法国时，正值欧战前夕，局势紧张，许多留法习画者正纷纷离去。战争期中，不仅生活不安定，绘画工具的材料也十分缺乏，一般的画展活动也不能如期进行，直到巴黎解放，社会才慢慢恢复正常。此时的潘玉良较第一次赴法时已有了长足的进步。她开始有选择地从众多

艺术大师的作品中汲取营养，在借鉴他人的同时明确地抒发自己的感受和创造，没有凝固在一种风格、一种形式之中。从她这一时期创作的作品中，人们可以看到她在艺术上广征博采，融合了后期印象派、野兽派以及其他流派绘画的某些风格和韵味。她积极投入创作，每年定期参加在巴黎的一些团体展，如法国艺术家沙龙、独立沙龙、秋季沙龙等活动。1948 年 10 月，她与刚从上海来巴黎不久的赵无极以及其他两位中国画家举行联展。

认识潘玉良的朋友说，她个性很强，有“三不女士”的称号，一生坚持不入外国国籍，不恋爱，不和任何画商签订合同，努力做一个独立的人。这样的想法，前两者对她似乎不难，但第三项就颇影响她在巴黎艺术界的利益，特别是战后，艺术家与画廊的合作更加密切，拒绝与画商合作，成功的机会就减少。潘玉良虽不与一般画商合作，但仍有赏识她才华的法国文化界人士，邀请她在巴黎塞努希博物馆举行展览。1953 年至 1959 年两次巡回个人展，使她在日本、比利时、英国、德国、希腊、卢森堡、意大利都获得了成功。她一生最大的荣誉是 1959 年 9 月巴黎大学把它设置的多尔烈奖奖给了她这个中国女子，这在巴黎大学奖励史上是破天荒的第一次。巴黎市市长亲自主持授奖仪式，把银盾、奖章、奖状和一小星型佩章授给了她。主席致词时，盛赞她在艺术上的成就，说 20 年前，她的画就已经进入秋季沙龙，她的画富有雕塑感，很有创造性；她的雕塑有绘画的风味。

在后半生的旅居法国的日子里，潘玉良还参加过法国的 51 届、55 届、56 届“法国独立沙龙展”，油画《裸女》参加 1946 年“秋季沙龙展”、联合国举办的“现代国际艺术展”，并且在美国、英国、意大利、希腊等国巡展。荣获过“法国国家金质奖章”、“巴黎大学多尔烈奖”、“法国艺术家协会鼓励奖”、“比利时布鲁塞尔银奖”等等。除油画之外，她还创作了雕塑《格鲁赛头像》、《蒙德梭

● 周小燕肖像（1947 年） 91 厘米 ×60 厘米 油画

鲁头像》，分别为巴黎尚拿士奇博物馆和法国国立教育学院收藏。

60 多岁的旅法画家贺慕群曾这样回忆他印象中的潘玉良：侨居巴黎后，我和潘玉良常有来往，在艺术上和生活上都曾得到她的指导和帮助。潘玉良生活并不富裕，但是生性豪爽乐于助人。她常留短发，喜喝酒，不拘细节，说话时声音很大，气势不让须眉，颇有男子气度。晚年时住在蒙巴拿斯附近的一条小街，她住在顶楼，住房兼画室，生活清苦，但是勤于作画，有时候一天到晚在家作画，一天都不出来。1954 年，法国曾拍过一部纪录片《蒙巴拿斯人》，介绍这个地区文化名人，其中就有潘玉良，她是片中唯一的东方人。

㊄

由于她的三不主义，潘玉良在法国的晚年生活过得很拮据。在她有限的生活圈子里，王守义以他几十年如一日的真诚成为她极少数的好朋友之一。王守义是早期来法勤工俭学的学生，与潘玉良是先后勤工俭学的同学。他为人善良，富有同情心，后来在巴黎圣·米歇街开了一间中餐馆，取名叫东方饭店。他工作之余，经常去看望这位清贫的老同学。

有时候早上去看望玉良，陪她到公园散步，中午一起到他的餐馆用餐。有一年，玉良的画室漏雨，不能作画，

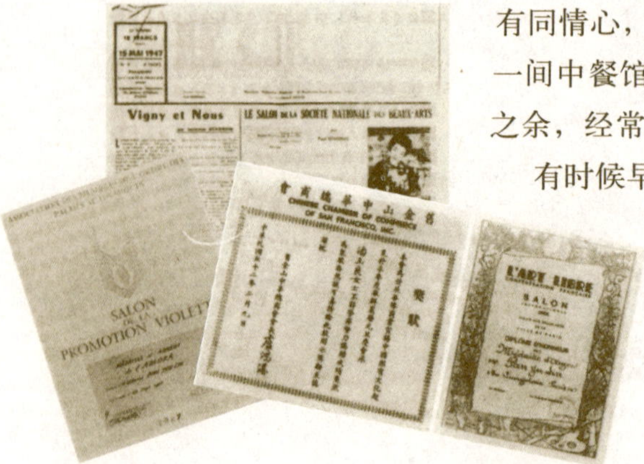

部分潘玉良获奖证书及相关媒体报道

也是王守义去买材料修理装修。无论是辉煌的时刻，还是落魄的岁月，王守义总是默默地陪伴和接济帮助这位老画家，给她带来一丝温暖。

1960 年潘玉良得知了自己深爱一生的丈夫潘赞化在安徽病逝，她悲痛欲绝，遥望蓝天，忧郁成病。她感到自己的心空了，对回家的希望，对丈夫的思念，对团聚的想象，一切的一切，都随着丈夫走了，她一生中从来没有像这个时刻这样感到孤独和寂寞，往事一幕幕在她的脑海中浮现：他偕她漫步荷塘；耳鬓厮磨在灯下给她授课；他端碗热气腾腾的银耳汤药向她走来，一匙一匙送到她嘴边；他猫腰钻出了假山洞；他翘首在吴淞口巴望她回来……一合上眼，他就微笑着向她走来。她清楚地知道这只是她的一个幻觉，可她多么希望沉浸在这短暂的幻觉中，品尝这久违的幸福，永不再醒来。

此后，潘玉良的身体时好时差，随着年岁的增长，体力的衰退，她更加思念故土和亲人。有体力的时候，她常在塞纳河桥头徘徊，累了便坐在河边石椅上望着桥呆呆地出神。这里多像苏州河上的乍浦桥啊，特别是那落日的河面，与河对岸刚刚露出黄嫩叶子的几条林荫道。河水在春风温和的吹拂下，微微起伏，这常使她想起黄浦江不息的波澜。从前，她常常站在乍浦路桥上，远眺晨曦慢慢挑开黄浦江的朝霞，近观苏州河畔落日的壮美。她怎能忘记那血红的火海呢？在对人生绝望的时候，她曾想在那里找个归宿。这时，两位恩师来了，把她从血海的边缘拉了上来，赐给了她一张人生通行证，把她引进了艺术的门槛。从此，她敢于行走人间，才走到这里来了。有谁能真正理解和体会到她对上海——她终身视之为第二故乡的怀念呢?

1964 年中法建交，黄镇任首任驻法大使。黄镇早年毕业于上海艺专，作为校友他几次去看望潘玉良，向她介绍祖国的发展情况。潘玉良顿生回国看望亲人，从事写生创作之念。她写信给她的儿子，要他

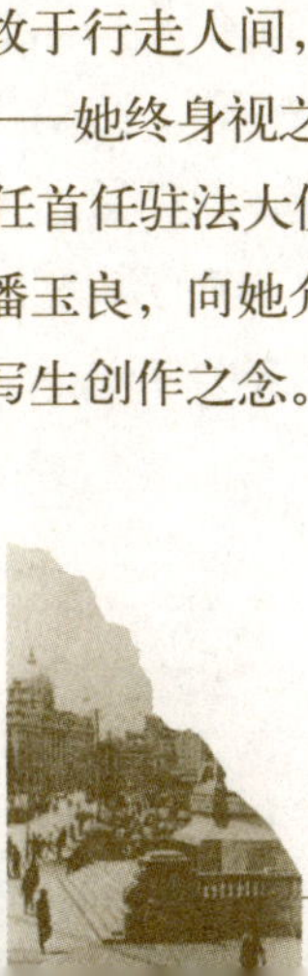

办理回国探亲手续，可惜宿愿未了，“文化大革命”烽烟已起。等到运动结束，她已是百病缠身，医生不允许她再作长途旅行。她是多么希望在有生之年能把自己的作品运回祖国，给亲人一睹真面目啊！

1977 年 7 月 22 日，潘玉良像束灿烂的流星速然消失在巴黎的夜空。临终前，她托付照顾了她后半生的王守义一定要完成她的遗愿——日后回到祖国，一定将当年她与潘赞化结婚时的项链，和她第二次来法国时潘赞化送她的一块银壳怀表归还给潘赞化的后人。项链系有潘玉良和潘赞化新娘、新郎照片同心结。怀表是蔡锷将军送与潘赞化的珍贵礼品，潘赞化在黄浦江边送给潘玉良做临别纪念。王守义两手紧握项链和书有“蔡锷”字样的怀表，眼含热泪，哽咽着点点头。潘玉良慢慢地闭上了眼睛……

安葬那天，墓前鲜花遍地，中国大使馆献的花圈陈放在醒目的地方。墓地云集着不同肤色，不同国籍的美的追求者，人们手里捧着象征哀思的翠菊和紫红色康乃馨花束，表情悲哀，流淌着思恋的泪水。艺术界的朋友以最诚挚的感情悼念她，以最能慰藉她的方式安葬她。平滑如镜的黑色大理石墓碑上，镶嵌着长眠者的白色大理石浮雕像。雕像的下方，悬挂着 10 多枚造型各异而又美观的奖章；右边是一行用中国汉隶体镌刻的碑文：“艺术家潘玉良之墓 (1899–1977)”。

在中国艺术家里，潘玉良是第一个以雕像作品走进巴黎现代美术馆的，在这世界艺术珍品的宝库中，她凭借她对艺术的追求而留下了中国的足迹。她克服了重重困难，顽强地与不如意的命运抗争，把她的生命和所有的才华，全部奉献给了人类的艺术，被誉为两艺齐名的艺术家，她对现代艺术的贡献和她在画坛上所占的地位，是她奋斗不息，孜孜追求取得的。她的油画在现实主义、印象主义及野兽派等众多西方绘画流派的基础上，融入了中国传统艺术的线描手法，将中国艺术的意境、韵律和诗情蕴藏其中，构图大胆而夸张，

色彩绚烂而宁静，有较强的律动感和独立的审美意识。她的国画一反文人画的淡雅，充分发挥西画背景烘染和后印象派的点彩手法，同时又吸收了中国民间艺术质朴、浑厚、沉静的韵味，成功地将中国的笔墨精神和西画的实体质感融于一体，呈现富有独创性的审美情趣。

1983 年中华人民共和国文化部派中央美术学院、广东美术学院有关专家专程赴法国将王守义为潘玉良在法国巴黎博物馆保存的 3000 余件艺术作品完整地运回祖国，在安徽省博物馆收藏。1992 年上海美术馆和安徽省博物馆联合在上海举办了“潘玉良画展”。2002 年国际三八妇女节，由上海图书馆、安徽省博物馆、上海大学美术学院联合举办“潘玉良人体绘画精品展”，使更多年轻一代的观众欣赏到潘玉良的艺术作品美，从中看到了她为艺术奋斗的不懈足迹。

● 戴帽子的妇女

1942 年　65 厘米 ×50 厘米　油画

张幼仪之“洒脱”

一样上海，两种人生

上个世纪二三十年代的上海，在今天已经成为一些人的精神图腾。它是当时东方最发达、最摩登，同时也最耐人寻味的一个城市。而它最让人怀念的不仅仅是最多的人口和最发达的经济，还有那蕴含在人们的生活观念和情感世界里的复杂的矛盾冲突。在这里，传统和现代有趣地结合在一起，保守与革新有趣地结合在一起，小脚与西装有趣地结合在一起。这就注定了这座城市将上演中国现代一幕幕最复杂的爱情剧，其中，徐志摩的多角恋爱是不能不提的。

㊀

提起徐志摩，人们对他的印象乃至兴趣，与其说是来自他的诗歌，还不如说是来自他的在恋爱上的传奇经历和不同寻常的死。长久以来，徐志摩一直是文化界的热点，他与几个女人的情感纠葛，是个永远说不完的话题。而一旦提起他的恋爱，人们马上又会想到才女林徽因，交际花陆小曼。而人们的同情和惋惜也常常落在林徽因身上，似乎她才应该是徐志摩最钟情挚爱的恋人，她和徐志摩没有最终结合，常常被无聊的好事者引为一大憾事。很少有人会想起那个被爱情遗忘的大家闺秀，也是这一桩最为人津津乐道的风流韵事的主角——张幼仪，徐志摩的原配夫人，一个土生土长的上海人。

徐志摩和张幼仪是中国近代第一桩文明离婚案的主角，当时可谓震惊朝野，舆论大哗。张幼仪成为中国第一位承受文明“灾祸”的弱女子。

说张幼仪承受文明的灾祸，或许有人还大不以为然——中国古代有休妻的制度，徐志摩不要她了，她还能怎么办？顺坡下驴，成就

"文明"罢了。这样说当然也未尝不可，但张幼仪作为一个成长于上海的大家闺秀，受惠于新的时代风气，却是无须证明的事实。

张幼仪在20世纪第一年，出生在江苏省宝山县，后来移居嘉定。她的祖父为清朝知县，父亲张润之为当时知名医生，生有八子四女，幼仪为其次女。她的哥哥中有著名的思想家和政治家张君劢、银行家张公权，所以她也算是出身名门。

● 张幼仪的母亲

新的世纪，也真带来了一些新的气息。张幼仪就在这种新的时代气息的影响下长大了。辛亥革命后，社会上有了男女平等的呼声。到了该缠足的年龄了，张幼仪死活不肯缠，家人倒是也没有怎么难为她。她应该算是中国第一批由解放思想而解放双脚的女子。天足是她一生中引以为自豪的一件事。

1912年，张幼仪12岁，正是求学心切的年纪。有一天她看到上海《申报》上登载苏州第二女子师范学校的广告，便向母亲提出请求。张母见学费低廉，便同意了。张幼仪当时一心想学到新式知识，成为一名小学教师。

如果就这样读书，工作，然后嫁人，张幼仪也许就会和平常的新式女性一样，过上一种现代的小资生活。但事与愿违，1915年，在学校只读了三年书的张幼仪，被迫离开学校，回到了家中。因为她已红鸾高照，身不由己了。张幼仪的四哥张公权于清末从日本留学回国，辛亥革命后，应浙江都督朱瑞之邀，担任秘书。在他视察各学校时，在杭州第一中学发现有个学生的作文很好，才气横溢。一打听，才知道这个学生名叫徐志摩，是硖石一个地主富豪徐申如的独生子。徐家是浙江硖石有钱有势的大户，据说从上海到杭州的铁路本来是从嘉兴

● 徐志摩与张幼仪于 1921 年在欧洲拍摄的第一张合影

直走杭州的，后来经徐老先生力争，转个弯经过硖石，可见他的影响力之大。

张公权于是写了一封信给徐申如，想让妹妹张幼仪和徐志摩联姻。徐申如倒也爽快，很快回信答应了这门婚事。1915 年，年仅 15 岁的张幼仪与徐志摩结为夫妇，搬到浙江硖石徐家去做少奶奶了。

但徐老先生并不了解自己的儿子，徐志摩是那种要不断追求浪漫和刺激的人，包办婚姻和沉稳娴静的张幼仪是不能拴住他的心的。电视剧《人间四月天》的编剧王蕙玲女士曾用诗意的笔法描写了两人新婚之夜的情景，似乎从那一天起，徐志摩就隐隐感到两个人的性格不合。我们来看这一段充满小资情调的描写：

> 他忽然想到今天自己并不是唯一的主角，一切她都有份，便转头向独坐在床沿上的新娘看了一眼，用一种欢快的语调朝着她说："你——累不累？"
>
> 新娘动了一动，没有抬头，也没有作声。
>
> "她害羞呢。"他偷偷地想。新娘都是羞答答的。他忽然想起祖母说过，新娘子出阁那天不兴喝水，怕在紧要关头去撒尿招人笑话，就连忙拿起细瓷茶壶往一个"滴翠"青瓷盖碗里倒了大半碗碧绿的茶，送到她面前，"现在你可以喝茶了，你一定渴了。"
>
> 新娘还是纹丝不动。他有点窘。他用更温和一点的口吻说：

“喝吧，不要紧的。”

新娘忽然抬起头，勇敢地望着这个从此刻起便是自己丈夫的人。

她没有伸手接茶碗。他站着不知所措。

烛火轻轻一爆。他感到有事可做了，宽慰地舒了口气，高兴地走过去，拿起银钳剪短烛芯。他故意放慢动作。因为他还没有想出接下来该干点什么。

● 徐志摩

事实并不是这样的。由于是包办婚姻，从婚前到婚后，徐志摩是那样的鄙弃张幼仪。第一次见到张的照片时，便嘴角往下一撇，用嫌弃的口吻说：“乡下土包子！”婚后徐志摩更是从没有正眼看过张幼仪。

“除了履行最基本的婚姻义务之外，他对我不理不睬。就连履行婚姻义务这种事，他也只是遵从父母抱孙子的愿望罢了。”事隔多年以后，沉默的张幼仪终于说出了这样的真相。

张幼仪是典型的贤妻良母型的女子。熟识她的人回忆说：“其人线条甚美，雅爱淡妆，沉默寡言，秀外慧中，亲故多乐于亲近之，然不呼其名，皆以二小姐称之。”作为大家闺秀，她知书达理，对丈夫温柔体贴，对公婆恭敬孝顺，管家也是一个好手。徐家是江南有名的富商，家里开办有电灯厂、蚕丝厂、布厂、徐裕丰酱园、裕通钱庄等。开始张幼仪是帮助公公理财，后来公公干脆全权委派给儿媳全面经营管理。

但徐志摩要的不是这些，张幼仪小心翼翼地侍候他，他反而

对她越来越鄙薄，婚后的生活是不愉快的。当人们都在为徐志摩的“浪漫”、“热诚”叫好时，几乎没有人知道，他对他的原配夫人张幼仪是无情得近乎残酷的。

婚后第二年，徐志摩北上到北京大学求学。在大城市读书，见了世面，徐志摩越发感到自己应该有一种更富于浪漫激情的生活，而这种生活不是老家的小媳妇能满足的。

结婚三年之后，张幼仪为徐志摩生了一个儿子，小名阿欢，这就是至今健在，定居在美国的徐积锴。张幼仪生下儿子徐积锴后不久，徐志摩远渡重洋，去美国克拉克大学读书，后又转入哥伦比亚大学，接着到了英国伦敦剑桥大学念书。留守在硖石婆家的张幼仪感到自己和丈夫之间的距离越来越远了，家居孤独无聊，她便向徐父提出要求，请了位家庭教师在家里读书。

徐志摩在欧洲过了将近三年的留学生活，从来没有想过自己是一个已经有了子嗣的丈夫，也没有关心过妻子的感情。但这时却突然写了一封信，请求父亲让张幼仪出国伴读。过去人们都以为这是因为他思念妻子。现在我们知道了，是由于张幼仪的二哥张君劢鼓动，徐志摩才答应让妻子去欧洲的，而那封信多半也是张君劢要他写的。徐家也认为，小两口分居数年，又有了子嗣，没有理由不让张幼仪出国。婆家送她去欧洲，也是要提醒徐志摩对家庭的责任。

㈡

三个星期后，轮船终于驶进马赛港的船码头。张幼仪斜倚着尾甲板，不耐烦地等着上岸。就在这时候，她看到徐志摩站在人群里东张西望。他穿着一件瘦长的黑色毛大衣，脖子上围着条白丝巾。

虽然她从没看过他穿西装的样子，可她一眼就认出那个人就是他。因为他是那堆接船的人中唯一显得极不情愿的人。如果是思妻心切，他不会是那样的表情。

她的心凉了一大截。

在由巴黎飞伦敦的飞机上，张幼仪晕机呕吐，徐志摩把头撇过去说："你真是乡下土包子！"

当时徐志摩在剑桥大学的皇家学院当文科特别选科生，所以他们就搬到离康桥大学大概有六里远，一个叫做沙士顿的小镇。他们租了间有两个卧室和一个客厅的小屋，从客厅的大玻璃窗可以俯视一条灰沙铺就的小路。

张幼仪作了沙士顿的中国主妇，当时她想，在中国，夫妻之间应该保持距离，尤其是在公婆面前更要讲究，以表示尊重。可是现在是在西方，只有两人在一起，丈夫对她的态度会不会有所改变呢？张幼仪以为，他们在这里可以"为所欲为"了。不过这一点只有徐志摩做到了，他爱来就来，爱去就去，好像妻子根本不在那儿似的。张幼仪烧上海菜给他吃，饭菜好吃，他一句话都不讲；饭菜不好，他也不发表任何意见。

● 徐积锴一家在美国

张幼仪也试图和徐志摩进行交流，她并不是一个无知的女人，她和她的哥哥可以无话不谈，他们也和徐志摩一样博学多闻。但他根本不和她说话，两个人在一起的时候，徐志摩总是说："你懂什么？”“你能说什么？”

两个人的性情也确实有一些差别，徐志摩是个文人兼梦想家，而张幼仪却完全相反。本来他们打算去看一部卓别林的电影，可是在半路上遇到徐志摩的一个朋友，朋友说他觉得范伦铁诺的电影比较好看，徐志摩就说，哦，好吧！于是就掉头往反方向走。这让张幼仪很不舒服。当范伦铁诺出现在银幕上的时候，徐志摩和他的朋友都跟着观众一起鼓掌，而她只是把手搁在大腿上坐在漆黑之中。

徐志摩我行我素，做了好多让人感到莫名其妙的事情。有一天，一个叫郭虞裳的人出现在他们家，然后就搬进来和他们同住了。起先张幼仪以为是徐志摩需要那笔房租，但事实证明不是这样。后来她想，徐志摩可能是不想整天和她大眼瞪小眼地独处，于是让朋友住进另一间卧房。郭虞裳不像徐志摩那样常去康桥，而整天待在房里用功。这样倒好，有他为伴，也有人和张幼仪聊聊天了。

不久张幼仪怀孕了，她把这个事告诉了徐志摩，徐志摩一听就极不耐烦地说：“把孩子打掉。”那个时代打胎是危险的，张幼仪说：“我听说有人因为打胎死掉。”徐志摩冷冰冰地说：“还有人因为坐火车死掉了呢，难道你看到人家不坐火车了吗？”

● 徐申如夫妇和幼仪大姐夫妇在西湖

那一段日子里，徐志摩早出晚归，很少和张幼仪交流。张幼仪从各种迹象判断，徐志摩在英国一定有个女朋友，但又无法证实。徐志摩经常骑着自行车往返于沙士顿和康桥之间，有时候乘着公共汽车去校园。就算不去康桥，他每天早上也会冲出去理发。张幼仪觉得非常难以理解，他大可以把那笔钱省下来，简简单单在家修剪一下，因为他们每每都在等着老爷寄支票来。

一天早上，徐志摩对她说：“今天晚上家里要来个客人，她是从爱丁堡大学来的一个朋友，我要带她到康桥逛逛，然后带她回来和我一道吃晚饭。”他们家里从没来过客人，所以张幼仪很惊讶，可是她只对徐志摩点了点头，问他想要什么时间开饭。徐志摩说：“早一点。”然后匆匆忙忙理发去了。

张幼仪在家里扫洒、买菜、准备晚饭，她预感到要和徐志摩准备娶来当二太太的女朋友见面了。从她到西方的第一刻起，从徐志摩和朋友在公共汽车里的聊天中，她就知道他藏了个秘密。这些天他每天一早吃完饭就赶着出门理发，一定与那女朋友有关系。

张幼仪没有猜错。几年以后，她才从郭虞裳那儿得知，徐志摩之所以每天早上赶忙出去，的确是因为要和住在伦敦的女朋友联络。他们用理发店对街的杂货铺当他的地址，那时伦敦和沙士顿之间的邮件送得很快，所以徐志摩和他女朋友至少每天都可以鸿雁传情。他们写信都用英文，就是怕张幼仪碰巧发现那些信件，只不过她从没发现过就是了。

张幼仪那一整天都面临着徐志摩女朋友的威胁。她在想，那个女孩正在英国一所大学读书，应该会讲流利的英文，也可能和徐志摩一样爱好文学。那她是哪个地方的人呢？是谁家的女孩子呢？说不定是个洋女人。他认识不少洋妞，说不定迷上了她们豪放的举止。但那又似乎不太可能，没有外国女人会同意以二太太的身份嫁进一个中国家庭的。

张幼仪想来想去，她不得不一次一次向自己保证，她在徐家的地位是不会改变的：她替他生了儿子，又服侍过他父母，她永远都是原配夫人。她发誓，她要以庄重高贵的姿态超脱徐志摩强迫她接受的这

种侮辱，对这个女人的态度要坚定随和，不要表现出嫉妒或生气。

说也奇怪，张幼仪竟然想不起那女人的名字，于是就在回忆中叫她“明小姐”。

这位“明小姐”，就是才貌双全的林徽因，当时也正在英国读书。徐志摩早就通过老师梁启超的关系认识了林徽因的父亲林长民，成了忘年之交。1921 年初春，林长民送爱女林徽因到英国读书。徐志摩对林徽因一见钟情，热烈地追求起来。所以，张幼仪来的可真不是时候。不过徐志摩倒也没把她放在心上，只要能猎住林徽因的芳心，便万事大吉。

这位女朋友终于出现了。张幼仪印象最深刻的是她的外表。林徽因非常努力地想表现得洋里洋气，头发剪得短短的，擦着暗红色的口红，穿着一套毛料海军裙装。张幼仪顺着她那穿着长袜的两条腿往下看，在瞧见她双脚的时候，惊讶得透不过气来，那是双挤在两只中国绣花鞋里的小脚。原来这新式女子裹了脚！她差点放声大笑。

她们四人（连郭虞裳在内）坐在一起吃晚饭的时候，林徽因说她也是在上海市郊长大的，父亲在政府里任教育总长。可是张幼仪没听说过这个人物，她想，如果她家里这么新潮，能让她单身到海外求学，为什么还把她的脚缠了。这难道就是徐志摩两年以来一直约会的女人吗？他老是喊我乡下土包子，如今他带回来这么个女人，光看她那双脚，就显得比我落伍了。可是，她受过极好的教育，徐志摩是打算接受她，否则为什么不鼓励我上学？为什么不让我学英文？我并没有双小脚，年轻的时候也读过书，我学的东西可以和这个女人一样多啊！她恨徐志摩没有小心看紧荷包，将这个女人领回家里。她脑海突然掠过一个念头：徐志摩要她去打胎，是不是就是因为这个女人呀，想到这儿她忍不住要哭了。

晚饭过后，徐志摩把林徽因送到火车站，郭虞裳回房休息。张幼

仪心烦意乱，笨手笨脚、慢吞吞地洗着碗盘。徐志摩回来了，他一副坐立难安的样子，在她身边转来转去。她对他气愤、失望、厌恶之至，简直说不出话来。洗好碗盘以后，徐志摩跟着她走到客厅，问她对那位小姐有什么意见。

虽然张幼仪已经发誓要采取庄重随和的态度，可是冲口说出的却是："呃，她看起来很好，虽然小脚和西服不搭调。"

徐志摩突然停下来，把脚跟一转，宣泄出来似地突然尖叫说："我就知道，所以我才想离婚。"

这是徐志摩头一次对她提高嗓门，那间小屋子骤然之间好像小得容不下他们了。于是她从后门逃了出去，夜晚冰凉的空气冲进了她的肺里。

● 张幼仪素装照（约1937年），当时她担任上海女子商业储蓄银行副总裁

当天晚上张幼仪上床的时候，徐志摩还在客厅看书。三更半夜，他蹑手蹑脚地进了卧室，在低下身子爬上床的时候扯了一下床单。他是背着张幼仪睡的，身体轻轻擦了她一下。她知道他是不小心的，她预感到这是他们身体上的最后一次接触，有一种向那段可悲的亲密关系挥手告别的感觉。

事后他们有好些天没说话，虽然这一点也不新鲜了，可是张幼仪还是觉得那种死寂是一种让人受不了的可怕的气氛。有天早上，徐志摩头一次没吃早饭就走了，张幼仪从窗口看着他踩着自行车踏板顺着街道骑下去，不晓得接下来会发生什么事。

这样大约过了一星期，有一天，徐志摩不辞而别，忽然消失了。一天、两天，三天没回家，郭虞裳虽然还住他们家，可连他也不知道徐志摩的行踪。一个星期过完了，他还是不见人影。郭虞裳好像猜到事有蹊跷，有天一大早便带着箱子下楼说，他也非离开不可了，说完就走了。

这时候，张幼仪孤立无援，怀孕的身体负荷让她感到害怕。她不知道徐志摩到哪里去了，不知道自己该怎么办。她没法子睡在与他共枕过的那张大床上，也没法子保证穿过一个个房间的时候，不会失声尖叫。

回想在硖石的时候，当日子一天天变暖，附近的西湖出现第一只游船后，他们就会换上轻薄丝绸衫或棉纱服，佣人就会拿来一堆家人在夏天期间用来纳凉的扇子。他们一整个夏天都用扇子在空中扇着，天气逐渐转凉以后，就把扇子收在一边。张幼仪感到，她是一把“秋天的扇子”。

就在这个时候，她考虑要了断自己和孩子的性命，干脆从世界上消失，结束这场悲剧算了。徐志摩不就是安心着要她去死吗？那么就一头撞死在阳台上，或是栽进池塘里淹死，也可以关上所有窗户，扭开瓦斯。这样多简单！然而，她记起《教经》上的第一个孝道基本守则：身体发肤，受之父母，不敢毁伤，孝之始也。这样的教诲好像一辈子都挥之不去，于是她打消了这种想法。

● 张幼仪与儿子徐积锴

一天早上，张幼仪被一个叫黄子美的男人的敲门声吓了一跳，他说他从伦敦带了个徐志摩的口信。张幼仪就请他进门，倒了杯茶给他，以紧张期待的心情与他隔着桌子对坐。

黄子美轻轻皱着眉头，似乎在一字不漏地搜索徐志摩说的话，他顿了一下说：“他想知道……我是来问

你，你愿不愿意做徐家的媳妇，而不做徐志摩的太太？”张幼仪压着怒火说：“这话什么意思？我不懂。”黄子美喝了一小口茶，若有所思地打量着张幼仪。张幼仪终于忍不住了：“徐志摩忙得没空来见我是不是？你大老远跑到这儿，就是为了问我这个蠢问题吗？”然后她就把黄子美送到门口，坚定地在他背后关上了门。

她知道徐志摩不会回来了。

徐志摩一走了之，将临近产期的张幼仪一人撇在沙士顿。无奈之际，她只好给当时在巴黎的二哥张君劢写信求救。张君劢带她来到巴黎，不久又去了柏林。

㊂

徐志摩此时在忙什么呢？他也很郁闷。他和林徽因的事情被林长民知道后，断然加以制止。因为林长民和梁启超早已定下儿女亲家，准备把女儿许配给梁启超的儿子梁思成。林长民和梁启超商量了一下，决定领着女儿回国去躲一下，然后安排林徽因和梁思成一起双双赴美读书，学成之后再订婚、结婚。

在此过程中林徽因是怎么想的，我们不得而知。据说她曾要求徐志摩先离婚再谈两个人的感情，这也无法考证。但有一点是可以肯定的，那就是后来她和梁思成生活在一起非常幸福。林徽因清楚，徐志摩心目中的林徽因不是真正的自己，而是想象的林徽因；她也是个受旧教育长大的人，她的母亲是失宠二房，父亲后来又娶了第三个太太，她眼见母亲所受的感情煎熬，她不能走母亲的老路。她对徐志摩有很多的景仰，但冰雪聪明的她也早已看出徐志摩世俗的一面，她说，他也是一个会欢喜穿粉红绣花鞋女子的那种

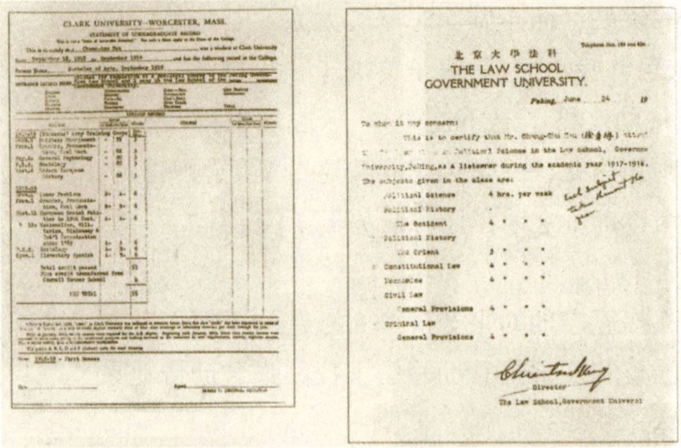

徐志摩在克拉克大学的成绩单

人。徐志摩后来与社交名媛陆小曼结婚，证明林徽因没有走眼。

林徽因这一走，徐志摩成了孤家寡人。但他认定了张幼仪是他幸福路上的绊脚石，必欲踢到一边而后快。于是，就在张幼仪生下第二个儿子彼得一个月后，他就向她提出离婚。那时的中国，离婚远不是一件名誉的事。但张幼仪考虑再三，还是答应了徐志摩的要求。据说，当徐志摩听到张幼仪同意离婚的消息时，兴奋得手舞足蹈，连玉戒指都飞到窗外去了，然后整个人就趴在窗口找玉戒指。他婚前婚后，从来没有说过张幼仪一句好话，这回遂了他的心愿了，于是感激地说，张幼仪不愧是“一个有志气有胆量的女子”。

徐志摩是 1922 年 3 月在德国柏林和张幼仪协议离婚的。证人是后来成为中国文化界名流的吴经熊和金岳霖。胡适在《追悼志摩》一文中写道：“他正式向他的夫人提出离婚，他告诉她，他们不应该继续他们的没有爱情没有自由的婚姻生活了。他提议‘自由之偿还自由’，他认为这是‘彼此重见生命之曙光，不世之荣业’。他说：‘故转夜为日，转地狱为天堂，直指顾间事矣’。‘彼此尊重人格，自由离婚，止绝苦痛，始兆幸福，皆在此矣’。”真可谓是大话连篇。他的大话还不止这些，他一生写了那么多情诗，但只有一首是写给张幼仪的，是“绝情诗”。他从来没有对张幼仪笑过，这回笑了：

《笑解烦恼结》（送幼仪）

这烦恼结，是谁家扭得水尖儿难透？
这千缕万缕烦恼结是谁家忍心机织？
这结里多少泪痕血迹，应化沉碧！
忠孝节义——咳，忠孝节义谢你维系
四千年史髅不绝，
却不过把人道灵魂磨成粉屑，
黄海不潮，昆仑叹息，
四万万生灵，心死神灭，中原鬼泣！
咳，忠孝节义！

东方晓，到底明复出，
如今这盘糊涂账，
如何清结？

莫焦急，万事在人为，只消耐心共解烦恼结。
虽严密，是结，总有丝缕可觅，
莫怨手指儿酸、眼珠儿倦，
可不是抬头已见，快努力！

如何！毕竟解散，烦恼难结，烦恼苦结。
来，如今放开容颜喜笑，握手相劳；
听身后一片声欢，争道解散了结儿，
消除了烦恼！

● 徐志摩和张君劢

这首诗作于1922年3月二人离婚之后不久，与《徐志摩、张幼仪离婚通告》同时发表在1922年11月8日的《新浙江－新朋友》上。与其说是写给张幼仪的，不如说是写给林徽因家看的。为了追求林徽因，在苦等了几个月之后，听说林徽因和梁思成并没有订婚，他又抱着侥幸的心理从英国回到中国，从家里赶到北京。但是林长民告诉他，林徽因和梁思成的婚事“已有成言”，林徽因已经答应做梁家的媳妇。

徐志摩竹篮子打水一场空。

在德国，孑然一身的张幼仪很快从悲痛中振作起来，她发愤图强，边工作边学习，学会了一口流利的德国话。又入裴斯塔洛齐学院，专攻幼儿教育。

1925年张幼仪回到了中国。1926年夏天，她到硖石去看了儿子后，回到了久别的故乡上海，并向徐家提出她要携带儿子去北京居住，并让孩子在北京读书。徐志摩和张幼仪离婚，令徐志摩的父亲大为生气，在他的眼里，张幼仪是一个非常不错的儿媳妇，是典型的传统的贤妻良母。想不到儿子居然做出这等大逆不道之事，于是徐老先生愤然断绝了徐志摩的经济来源，并认张幼仪为义女，又将徐家财产的三分之一分给她和孩子，因此张幼仪在北京每月有徐家汇来的生活费，过着较宽裕的日子。

不料好景不长，张母在上海逝世。噩耗传来，张幼仪结束了在北京的生活，携儿南下奔丧。接着就留下来，开展她在上海的事业，在东吴大学任教，教德语，不少女名人都愿与她交往。张幼仪在上海妇女界很有声望，于是才有后来的入主上海女子商业银行的经历。

㊃

当张幼仪以一个中国传统女子的隐忍默默忍受着离异的痛苦时，徐志摩那边乃是绯闻不断。追求林徽因不成，极度虚空之际，徐志摩又看上了自己的朋友王赓之妻——交际花陆小曼。几经波折，终于要结婚了。他要请老师梁启超为他们证婚，显得气派一些。不想当老师的在婚礼现场骂得二人抬不起头来："徐志摩，你这个人性情浮躁，所以在学问方面没有成就，你这个人用情不专，以致离婚再娶……以后务要痛改前非，重作新人。" 梁启超的一顿痛骂，使得陆小曼在北京不能立足。盛典举罢，徐志摩便携陆小曼匆匆南下，在上海社交界另起炉灶，过起了神仙一样的日子。

据说，新婚后有一段时间徐志摩每天一早要买一束鲜花，献给陆小曼。陆小曼衣来伸手、饭来张口，徐志摩也由着她。长期生活无度和不加节制，陆小曼心口疼，要抽大烟止疼，徐志摩也应允购置。因为上海比较容易要到鸦片，所以小曼执意不肯赴北京，使得在北京教书的徐志摩只好京沪两地奔波。五年里几乎没过过什么安稳日子。

妻子挥霍无度，父亲又断了他的经济后援，徐志摩渐渐入不敷出，体味到了操持的艰难。他拼命地写作，教书，后来又兼着几个大学的课，仍然无法补足家用，甚至靠借贷度日。

更让他烦心的是，爱看戏的陆小曼认识了一个名叫翁瑞午的越剧小生，两个人如胶似漆，整日在烟榻上浑浑噩噩地吸毒。徐志摩一管，陆小曼就大吵大闹，搞得他一点辙都没有。生命中的最后几年，他显得非常狼狈。

1931 年 11 月 19 日，济南西南郊的党家庄一带突然响起一声巨响，一架飞机失事了，35 岁的徐志摩就坐在上面，就这样走到了他生命的尽头。

其实，19 号这天，徐志摩在北京本来是没有课的，但他听说早为人妻的林徽因要在北京协和小礼堂演讲，非要去捧场不可，这才登上了南京飞往北京的济南号邮政飞机。飞机从南京起飞到徐

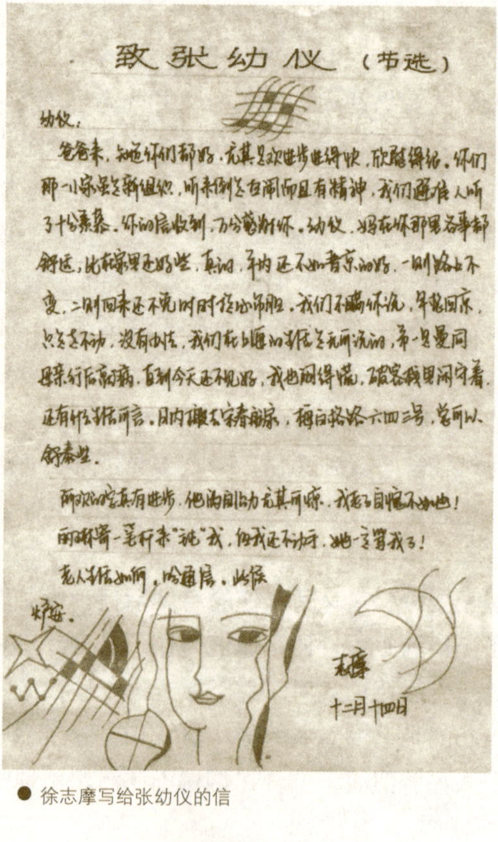

致张幼仪（节选）

幼仪：

爸爸来，知道你们都好，尤其是欢欢进步得快，欣慰得很。你们那一小家庭是新组织，听来倒是[illegible]而且有精神，我们避难人听了十分羡慕。你的信收到，万分感谢你。幼仪，妈在你那里各事都舒适，比在家里还好些，真的，[illegible]还不如[illegible]的好，一则路上不[illegible]，二则回来还不免时时[illegible]。我们[illegible]，早[illegible]回京，只是走不动，没有办法。我们在上海的生活是无可说的，第一是曼同母亲[illegible]病，直到今天还不见好，我也[illegible]得慌，[illegible]家里闹[illegible]着，还有什么生活可言。日内搬去宋春舫家，福[illegible]路六四三号，总可以舒泰些。

所以欢欢真有进步，他的自治力尤其可惊，我老子自愧不如也！

[illegible]一笔杆来“[illegible]”我，但我还不动手，她一定骂我了！

老人生活如何，盼通信，此候

炉安。

摩

十二月十四日

● 徐志摩写给张幼仪的信

● 张幼仪创办的云裳公司及报上的广告

州中转，再到北京。他在徐州时发了一封电报给林徽因，要她来接他；而同时，又写了一封信给陆小曼，说想要回家。这位多情的诗人直到生命最后一刻还是江山易改，本性难移。

在上海万国殡仪馆里，徐志摩的灵柩旁，有两位女子哭得尤其悲恸，一位是现任妻子陆小曼，还有一位就是张幼仪。张幼仪还有一副挽联，送给她那迷途失身的前夫，毕竟曾是结发夫妻，伤感中也有一丝责备：

万里快鹏飞，独憾翳云悲失路；
一朝惊鹤化，我怜弱息去招魂。

张幼仪终究是一个不平凡的女人，有着中国传统女子隐忍、自持的美德，回国后仍照样服侍徐志摩的双亲，精心抚育她和徐志摩

的儿子。但贤惠只是她性格中的一面，她还是一个有新思想，能自尊自强，事业有成的女强人。她是中国女性主持银行的第一人，上海滩第一个女银行家。

张幼仪的哥哥张公权是上海煊赫一时的金融界巨子。上海南京路红庙旁边，原有一家“上海女子商业银行”，因经营不善，濒临倒闭。此时她们看中了张幼仪，因为她既是张公权的妹妹，又是旅欧归来，才学兼优，于是极力动员她放弃东吴大学的教职，聘请她出任该行总裁。张幼仪也想在上海干一番事业，因此就答应下来。她把办公桌放在大堂最后面的角落里，这样全行业务和职员办事能力可一览无遗。她每天上午 9 时准时上班，从不迟到；下午 5 时下班后还请了一位老先生，专门为她补课。在她的努力下，银行很快反亏为盈。张幼仪在上海银行界崭露头角，名噪一时。

与此同时，张幼仪还大做股票交易，盈利极丰。1934 年，她的二哥张君劢参与领导的国家社会党聘请她去管理财务。从此张幼仪既是银行家又是企业家，还与政治发生了关系，当过民社党的执行委员兼财务部长。

1949 年，上海解放前夕，张幼仪去了香港。后来她和中医师苏季子缔结了一段良缘。从此，两人在香港共同生活了 28 年。1972 年苏医生病故，张幼仪去了美国。她活了 88 岁，1988 年在纽约去世。

和徐志摩离婚之后，张幼仪在这段感情上一直三缄其口，保持沉默。几十年过去了，这个苦命人终于在去世前说了实话。她的侄孙女张邦梅小姐，通过她的口述，出版了英文著作《小脚与西服——张幼仪与徐志摩的家变》。徐张二人关系的真相终于大白于天下，让我们看到了“浪漫”诗人徐志摩可鄙的一面。但对于这样一个狠心薄情的人，张幼仪到老了还这样说：

“你总是问我，我爱不爱徐志摩。你晓得，我没办法回答这个问题。我对这问题很迷惑，因为每个人都告诉我，我为徐志摩做了这么多事，我一定是爱他的。可是，我没办法说什么叫爱，我这辈子从没跟什么人说过‘我爱你’。如果照顾徐志摩和他家人叫做爱的话，那我大概爱他吧。在他一生当中遇到的几个女人里面，说不定我最爱他。”

● 描写张幼仪与徐志摩婚变的著作《小脚与西服》

胡蝶之无奈

戴笠『鸠占鹊巢』

1908年2月21日，一个乳名为宝娟的小女孩出生在上海提篮桥辅庆里第一弄第三家，作为家中的独生女，她理所当然地享受了父母所有的疼爱，只是谁也没有想到这个乖巧的孩子日后竟成为风华绝代的电影皇后。如今的辅庆里，对于这个长大后改名为“胡蝶”的女孩，已渐渐陌生，而在二三十年代风雨飘摇的旧上海，她的名字却是家喻户晓，是这个城市的骄傲。在先后主演的百余部影片中，她成功地饰演了中国不同阶层的各类女性形象，成为中国电影拓荒期和成长期的同步人和见证人，她长达半个多世纪的演艺生涯和艺术成就构成了中国电影历史重要而独特的篇章。上海，造就了她的辉煌，记录了她的情感，在这个出生和成名的地方，她以自己对生活的理解，深情演绎了一幕幕人生的悲欢离合。

㈠

19世纪末20世纪初，电影作为一个“新奇的玩意”传入中国，给长期处于封建束缚下的中国人民带来了一种新的娱乐形式，这种从未见过的“奇妙幻化”的西洋“玩意”，很快受到了大多数观众的欢迎，也引起了中国电影前驱者制造民族电影的欲望。素有“东方巴黎”之称的上海因其独特的地理位置和繁荣的经济背景，不容置疑地迅速成为中国电影业发展的中心。

1924年初，由郑正秋编剧，张石川导演的《孤儿救祖记》在上海公演，这部中国电影史上里程碑式的作品以其曲折动人的故事，鲜明的民族特点，真切感人的表演深深地打动了前来观看的每一位观众，这其中包括年仅16岁的胡蝶。这时的胡蝶已经出落

得亭亭玉立，聪慧怡丽，父母盼望她能求学深造，她却受蓬勃发展的中国电影事业吸引，投考了由顾肯夫等创办的我国第一家电影学校——上海中华电影学校，成为首届训练班学员。考入影校后，胡蝶比较系统地学习了戏剧、电影理论和表演方面的课程，她尤其喜欢表演课程，几乎投入了全部精力去钻研表演，在洪琛、汪煦昌、陈寿荫等一批电影名家的指导下，很快便显露出超常的才华。翌年，即应邀参加了徐欣夫导演，张织云、王元龙主演的《战功》一片的拍摄，随即开始了近半个世纪的电影演员生涯。

这段专业学习的时间虽然只有一年，却注定了胡蝶与电影一生的不解情结，也拉开了她一生悲喜交融的序幕。正如胡蝶后来回忆时所说：“在中华电影学校的时期虽然很短，却是我从事电影事业工作的开始。从这里我走向了这个万花筒式的银色世界，在舞台上演绎着人世间无尽的酸甜苦辣，扮演各种不同的角色，有时竟也在感情上将人生与舞台合而为一了。”

继《战功》之后，她又相继在“天一”、“友联”等公司主演了《秋扇怨》、《梁祝痛史》等20余部古装片。她甜美的面貌，挺秀的身材，端庄的气质，大方的仪态，再加上聪明灵巧、勤奋好学的性格，很快就在中国影坛走红了。在拍摄《秋扇怨》时，胡蝶和该片的男主演林雪怀由相识而相恋，遂于1927年3月22日在上海北四川路上新落成的月宫舞场举行了隆重的订婚仪式。然而随着胡蝶演艺事业的辉煌，这段甜蜜的初恋很快就变了质。影坛的受挫和经商的失败使林雪怀最后沉迷于醉生梦死的放荡生活中，失望的胡蝶不得不将一纸诉状递到上海地方法院，解除了两人的婚约。

1928年，胡蝶正式进入明星影片公司，开始了她艺术事业的辉煌时期。由于该公司郑正秋、张石川赏识她的素质和才华，认为她具有电影明星的潜质，于是花了很多力气培养她，不仅重用她

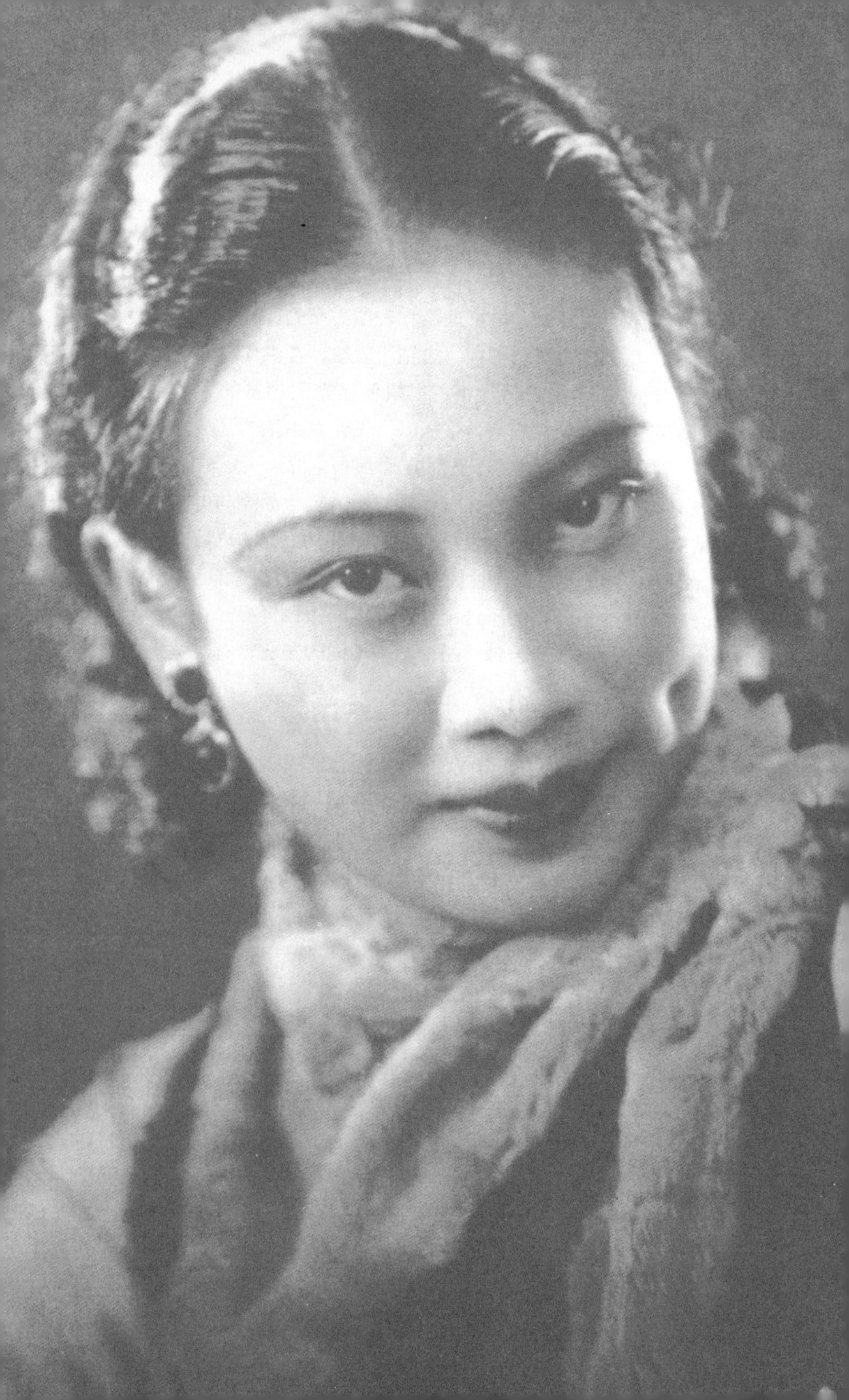

主演公司着力推出的电影，甚至还请人专为她写剧本，后来的事实证明胡蝶也确实没有辜负公司的厚望。在张石川的新片《白云塔》里，胡蝶首次与阮玲玉这位后来也成为中国影坛的巨星合作，这也是二人唯一的一次合作。影片公映后，胡蝶受到了观众的一致称赞。最使胡蝶声名鹊起的是由她主演的《火烧红莲寺》，她清雅不俗的表演，大方开朗的性情随着侠女红姑潇洒飘逸的身影，一夜之间红遍了大江南北，成了观众深深喜爱的明星。尽管此片开了影坛武打片之泛滥的先河，受到了舆论的指责，但是“胡蝶”这个名字家喻户晓却是改变不了的事实。

1930年，由胡蝶担纲主演的中国第一部有声影片《歌女红牡丹》开拍，并于第二年3月15日在上海新光大戏院首映。因为是中国第一部有声片，不仅引起了上海以及全国各地的轰动，而且招来南洋片商竞购拷贝。随着左翼电影运动的兴起，胡蝶又相继主演了反映现实生活的《狂流》、《脂粉市场》、《盐潮》、《姊妹花》等片。其中《姊妹花》堪称其电影表演代表作。她以娴熟的演技将两个经历性格完全不同的双胞胎姐妹演得各具光彩，影片上映后，接连公映两个月不衰，盛况空前。

正当胡蝶的事业如日中天的时候，东北爆发了震惊中外的“九·一八”事变，伴随着战争而来的是她和张学良的“跳舞事件”。当时胡蝶正随剧组赴北平拍摄《自由之花》、《落霞孤鹜》和《啼笑因缘》的外景。为将中国人民的怒火转移到对张学良这一不抵抗将军的怨恨上来，日本通讯社四处散布“九·一八”之夜张学良与红粉佳人胡蝶欢歌共舞的谣言，致使舆论四起，上海《时事新报》还刊出了广西大学校长马君武作的打油诗，“赵四风流朱五狂，翩翩蝴蝶最当行……”这首诗很快不胫而走，一时之间胡蝶成了“红颜祸水”的代名词。尽管事后胡蝶在报上辟谣，不少人仍将

信将疑，这件事成为伴随胡蝶一生的阴影，她终生耿耿于怀，后来在她晚年的回忆录中，还发出这样的感叹：“该结束这段莫须有的公案了吧？”

● 1930 年胡蝶在《桃花湖》中的剧照

尽管发生了无法澄清的“跳舞事件”，胡蝶在观众心中的影响力并没有因此而减弱。1933 年元旦，上海《明星日报》以“鼓励诸女明星之进取心，促成电影之发展”为宗旨，发起了一场评选电影皇后的活动。由于事属创举，起初并没有引起人们的注意，参加投票的观众不是太多。半个月以后，《明星日报》逐日将选票数字刊登在报上，将选举期限定为一个月，并准备在电影皇后诞生后，举行一次盛大的加冕典礼。后来因天气太冷，选举期限又延长了一个月。在选举过程中，三位著名电影女明星——明星公司的胡蝶、联华公司的阮玲玉、天一公司的陈玉梅的票数非常接近。竞争越来越激烈，声势也越造越大。投票一直延续到 2 月 28 日晚上 10 时。当天晚上，《明星日报》在上海北京路大加利莱社举行了盛大的选举影后揭晓仪式，到会的上海各界名流和闻讯赶来的影迷们把这里围了个水泄不通。主持人先将选举经过和加冕典礼的筹备情况向来宾作了简单介绍，然后在律师监督下验票。结果胡蝶得 21334 票，陈玉梅得 10020 票，阮玲玉得 7290 票，笑靥如花的明星电影公司当家花旦胡蝶以巨大的优势胜出，获得了“电影皇后”的称号。

选举揭晓后，原准备举行一次盛大的电影皇后加冕典礼，因胡蝶不喜张扬，一再推辞，只好将加冕典礼取消，后来决定将这一庆祝活动和“航空救国游艺茶舞大会”结合在一起进行。大会于 3 月 28 日下午 2 时在静安寺路大沪跳舞场举行。下午 5 时当神采奕奕的胡蝶出现在会场上时，现场上立即出现了一个高潮。几位社会名流致贺词之后，即将“电影皇后”证书当场授予胡蝶。“电影皇后证书”全文如下：

> “盖闻彩凤衔来，云里颁蕊珠之榜；丹虬献出，河中呈镂玉之图。胜事既成，良辰斯遇，不有佳证，何伸雅怀？电影选举，久畅行于列邦；此次提倡，实中国之嚆矢。而女士名标螭首，身占鳌头，倏如上界之仙，合受人间之颂；声华熠尔，舆诵翕然，足征殊艺冠群，有水到渠成之妙。灵心绝世，是花开见佛之才，今日者裙展联翩，香云馥郁，莫不欢从掌起，喜共眉舒。盖无皇后不能树银幕之先声，非女士不克居金屏之独座也。且秦暴方强，鲁难未已，飞机救国，日相喧呼，积款乘

> 时，借资号召。蒙女士现毫端之艳彩，色相示人，舒口角之春风，歌音餍众。玲珑肝胆，与朱家郭解相期；旖施光辉，岂小玉双成可比。红尘推戴，岂徒然哉！绣闼尊荣，从兹始矣。允垂嘉话，播世界于三千；竞仰芳姿，抚栏于兮十二。缅想昭阳昼永，日影方中；顿教歇浦名高，花枝常好。此呈首届电影皇后胡蝶女士。

影星的人气所带来的巨大经济利益使上海的广告商也不甘落后，借此风势，英商中国肥皂公司也发起了一次“力士香皂电影明星竞选”，结果胡蝶又名列第一。翌年，在中国福新烟草公司发起的“1934 年中国电影皇后竞选”中，胡蝶再次当选。由于胡蝶在两年之内“三连冠”，此后人们即以“老牌影后”称之。然而最让胡蝶感到高兴的是由她主演的影片《自由之花》被中国教育电影协会评为优秀影片，同年又被送往意大利万国电影赛会参赛获奖。

对于自己当选影后之事，半个世纪之后，胡蝶在回忆录中这样记述：“1933 年另一件有趣的事是选举电影皇后，这是因美国电影女明星玛丽 · 皮克福特得了第二届奥斯卡最佳女演员金像奖后，就有‘电影皇后’之誉。玛丽 · 皮克福特来沪访问后，《明星日报》也在每日报端附印选举票，把收到的选票放入特制的选举箱，并且郑重其事，当众开票，由于我的票数最多，就得了这个称号。几十年来这个像游戏之举的称号一直跟着我，这是观众对我的爱护，我却不敢妄自尊大。”

1935 年初，苏联在莫斯科举行国际影展，中国电影界首次被正式邀请参加国际电影节，由于胡蝶是中国参展四部影片中的《姊妹花》和《渔光曲》的女主演，因而成为代表团中唯一的演员代表。作为中国影坛上第一位正式出国访问的女演员，胡蝶获得了巨

大的成功，她使尚不知晓中国已经有了自己电影的欧洲人通过中国的电影，感悟了这个神秘的东方国度的传统文化。影展结束，胡蝶又赴柏林、巴黎、伦敦、罗马等地考察。她回国后，还应良友出版公司之约，撰写了一本《欧游杂记》。

● 1930 年胡蝶《碎琴楼》剧照

就在胡蝶还沉浸在影后的桂冠和欧洲之行的荣誉里时，传来了父亲胡少贡得癌症的消息，为使对自己疼爱有加的父亲无遗憾地度过人生的最后岁月，胡蝶决定与已热恋了四年的潘有声结婚。经商出身的潘有声闯入胡蝶的情感世界是在“雪蝶解约案”中，那时的胡蝶被林雪怀近乎无赖的行径折磨得心力交瘁，潘有声的宽容、体贴、沉稳和无微不至的关怀给渴望温暖与安全的胡蝶重新撑起了一片晴空。他们清澈如水的爱情，让她感到一份温馨和宁静，四年中她已习惯于将潘有声当作精神生活的支柱，高兴的时候和他在一起分享喜悦，悲伤的时候向他诉说委屈。这份宁谧的恋情得到了胡潘两家的极力赞成，1935 年年底，两家在上海九江路的圣三一教堂里，为她和潘有声举办了轰动一时的中西合璧式的婚礼。婚后的胡蝶面临着家庭和事业的选择，经过激烈的思想斗争，她渐渐萌生了息影的念头，决定急流勇退，淡出影坛。此后的一年内，胡蝶只拍了两部影片。

㊁

1937年，震惊中外的卢沟桥事变爆发，日本开始了全面侵华战争。这年8月，日军进攻上海。11月，上海失守。不久，明星公司在上海枫林桥的总厂被日军占领，明星公司从此不复存在。此时，潘有声已在香港发展事业，于是胡蝶偕同家人避居香港。香港是英国的殖民地，暂时还不存在战争的直接威胁，胡蝶和潘有声度过了一段堪称幸福的生活。当时潘有声在洋行工作，收入颇丰，工作之余喜欢跑马，也喜欢买马。他终日沉溺于马经，乐此不疲。胡蝶有些嫉妒地说："你爱马胜过爱你的妻子，对马比对妻子还好。"潘有声搂住她，笑着说："在我心里，你永远是第一位的。"可惜，这种平静生活没能持续多久。

1941年12月25日，港九殖民当局向日本华南派遣军总司令酒井隆中将投降。日寇铁骑蹂躏的恐怖，随着漆黑的夜幕一起降临，在港岛居留的胡蝶在极度惊恐中度过了"黑色的圣诞"。这以后，每天都有侵略者纵暴淫掠的血腥消息传进这幢曾经是安乐窝的小洋楼里。影界姊妹的悲惨遭遇尤其让胡蝶心悸：以《驸马艳史》出名的红影星梅琦小姐，偏巧选在英国人投降那天与"华南影帝"张瑛举行婚礼，在新郎面前被残暴的日军扒下了洁白的婚纱。这段令她夜夜心悸的日子，常常使她想起沦陷在日本人手中的上海，想起那飘扬在街头的令人憎恨的太阳旗，她的民族心被深深地刺痛了：这些可恶的家伙，毁了她的上海，毁了她的事业！为了表达自己对残暴日军的反抗，她把香港投降日称之为又一个"蝶耻日"。

日军占据香港后，为了利用中国名人出面宣传所谓的"大东亚

● 1933 年电影皇后胡蝶肖像

共荣圈”、“中日亲善”，达到欺骗世界舆论的卑鄙目的，一方面对香港百姓凶残肆虐，一面又对匿居在港的文化界知名人士施以怀柔政策。他们派了一些谙熟中国文化的“中国通”出面对知名人士拉拢利诱，企图使他们就范。

一天，胡蝶一家正在整理房间，日军报道部艺能班长和久田幸助登门造访，这位一口广东话说得比胡蝶还纯熟的“中国通”，装出一副彬彬有礼的样子，向胡蝶提出三个条件：平等合作，尊重自由，接受日军的保护。不知内情的胡蝶既恐惧又厌恶，只好不停地点头敷衍。第二天，“良民证”送来了，“食品配给卡”送来了，同它们一同来的还有不少日军侦探。他们每次来都表现得客客气气，但临走时，总会毫不客气地顺手带走一些值钱的东西。胡蝶整天生活在惊惧中。没过多久，和久田幸助又一次不请自来，说是日本影迷皆欲亲睹“皇后”的风采，特邀胡蝶去日本访问，并拟定由她拍一部电影《胡蝶游东京》，过几天就要启程。直到这时，胡蝶才弄清了日本人对她“友好”的真实目的。

吃惊之中，她忽然想起了前些天曾经去拜访过的仍滞留在香港的梅兰芳先生。那天，她一见梅兰芳便吃了一惊，数年前她去莫斯科参加国际电影节，第一次在轮船上与梅兰芳相遇，那时的他潇洒俊逸，可短短几年，梅先生就变得清癯消瘦，唇上蓄留着浓黑的八字须。“梅先生，听说日本人这几天要逼您到东京唱《天女散花》，你蓄须明志，果然不假！”梅先生笑道：“如此国难当头之际，我岂能去东京为虎作伥？有个叫和久田幸助的人来过几次，都被我严辞拒绝了！只要不打败日本鬼子，我绝不登台唱戏！”胡蝶敬佩地点点头，说：“梅先生打算去重庆吗？”“我哪儿也不去！”梅兰芳坚定地说，“不管在什么地方，只要有一分中国人的骨气，谅日本人也奈何我们不得！胡小姐，我现在只担心你！日本人肯定不会放

过你，你一个弱女子能抵挡住他们的威胁利诱吗？请你记住，在任何情况下，我们都要保持民族气节！”胡蝶郑重地点点头说：“我知道，梅先生，请你放心，胡蝶决不当汉奸！”

今天，日本人果真来拉拢自己了，胡蝶想起了梅兰芳先生的话，暗暗下了决心。于是她以自己已经息影，而且有了身孕，短期内无法再现银幕为由，拒绝了和久田幸助的邀请。可是胡蝶心里明白，日本人步步进逼，不会就这么善罢甘休的。想到落到日本人手里的后果，胡蝶不寒而栗。为免万一，她和丈夫在当地抗日游击队

● 十八集的《火烧红莲寺》，使影坛刮起了史无前例的"武侠片"旋风，持续数年之久，其长度成为当时世界商业性影片之最，扮演侠女红姑的胡碟随之红遍全国。这是《火烧红莲寺》的剧照

● 1935年访英时，在大英国际摄影场内与德国电影女明星丽琳·哈蕙的合影

的帮助下，于次年逃离香港。为了不引起日本人的注意，走之前胡蝶把一家人所有的积蓄分装成了30只箱笼，将它托付给“国际难民救济总署”的杨惠敏代为转运。杨惠敏原是淞沪抗战时冒枪林弹雨之险到四行仓库向八百孤军献旗的女童子军，后由国民政府赈济委员会派到香港接运爱国抗日人士到后方去工作，与胡蝶夫妇颇有交往。但是，就在他们几经辗转而到达桂林，全心全意等待着这几十只箱子到来的时候，忽然传来了它们被劫的消息，胡蝶一下子惊呆了：这可是她前半生所有的积蓄，有些东西是国际知名人士的赠品，是她积累的无价之宝啊！随后发生的事更使她没有想到：为了这些财产，她被迫别夫离子，与杀人不眨眼的军统头子戴笠度过了她一生为之耻辱的三年。

㊂

为了寻找那30箱金银细软，几经周折，胡蝶找到了自己的儿时好友林芷茗帮忙。林芷茗的丈夫是曾任上海警备司令的杨虎，当年在上海时，胡蝶就常去杨家，与杨虎很熟悉。单纯的胡蝶却不知此时的杨虎早已不是当初那个热情大方的杨虎了，自从来到重庆

● 1935 年 10 月，上海赈灾会发起明星伴舞赈灾活动。胡蝶伴舞的消息传来，“起先是每舞的定价 100 元，后来因 100 元一跳，总似乎太贵，减低为每跳 10 元”这是当时的一幅滑稽画。

后，杨虎在蒋介石面前失宠，一直在家中赋闲。为使自己能重新做上警备司令，他正想尽办法竭力巴结戴笠，希望他能在蒋介石面前为自己美言几句。她的求助，犹如天赐良机，使杨虎一下子看到了自己的光明前途。他一刻也没耽误地将此事告知了军统老板戴笠。早对胡蝶垂涎三尺的戴笠喜出望外。听了杨虎的汇报，他当即表态：“这事包在我身上，一定不能委屈了咱们的大明星。”顿了顿，他又说：“请你马上转告胡蝶夫妇，入渝的机票我会给她安排好，望她放心休养，中国的电影事业不能少了她啊！”

● 30 年代广告中的胡蝶像

一周后，在军统的安排下，胡蝶一家顺利来到重庆。胡蝶到重庆后，先住在杨虎家里。在杨虎和林芷茗夫妇精心安排的一个盛大的宴会上，胡蝶见到了国民党军统特务首脑戴笠。虽然戴笠对胡蝶的美貌早有耳闻，但是当他的目光落到胡蝶身上的时候，这位好色之徒还是情不自禁地睁大了眼睛。她那端庄俏丽的容貌，含情脉脉的眼睛以及两颊若隐若现的梨花酒窝深深地吸引了他。一番客套寒喧过后，戴笠就迫不急待地邀胡蝶共舞。失箱后胡蝶大病了一场，自此后除了箱子她对什么都不感兴趣，可是眼下又不能拂了朋友的好意，因此她只好将手递给戴笠，跳起舞来。戴笠紧紧盯着胡蝶，眼神火辣辣的透着欲望，可是胡蝶却显得心不在焉，神情冷淡。一曲舞跳完之后，胡蝶婉言谢绝了戴笠的第二次邀请，离开戴笠径自在桌前坐下。戴笠痴痴地盯着胡蝶离去的背影，神情

有些怅然。

心病还须心药医，风月情场老手戴笠明白，要想赢得美人青睐，当务之急是必须在失踪的箱子上面大做文章。因此他一听说胡蝶在重庆报了案，决心要大显身手破案，追回失物。尽管捉拿窃贼本是区区小事，派几个警察花点时间就可以破案，但因此事对于他来说事关重大，戴笠决定杀鸡用牛刀。

● 胡蝶为力士做的广告

为了侦破这个案子，戴笠兵分二路：一路是立即将代运人杨惠敏抓起来，一路是去问明胡蝶箱内所装物件。前者是为了查清线索以便破案，后者是为了万一不能破案，他将按胡蝶所列出的丢失物件名称，买来归还失主。在戴笠的特别关照下，胡蝶财物被劫案终于侦破了：原来劫去胡蝶这些箱子的是当时横行广东的东江大盗王虎，杨惠敏是无辜的。但破案时王虎已将一部分贵重物品卖出，无法追回，如法国的香水、意大利的皮鞋、德国的丝袜等等，精明的戴笠便派人去各地买了补齐，到胡蝶家去交差。30箱积蓄的失而复得，使胡蝶对戴笠不由得感激涕零，态度也由冷淡逐渐地热情起来。

居人篱下的感觉及不必要应酬的增多，使胡蝶感到了住杨公馆的不方便，便想安置个属于自己的家。于是，几经周折，潘有声同几个朋友一起开办了一家公司，从事茶叶和木材生意。他们只想尽快赚些钱，为全家寻个像样的住处。然而，没过几天，潘有声突然失踪了。询问公司的人方才知道，不知是谁在潘有声的公司藏了枪，他被警察抓去了。六神无主的胡蝶哪里想到这只不过是戴笠为博取她的好感而采取的又一次手段。为了救出丈夫，她不得不求助于戴笠，当着胡蝶的面，戴笠马上叫人放了潘有声。随后戴笠又通过手段使胡蝶一家入住他的曾家岩公馆。见面的方便使得戴笠几乎

每日都来问候，他知道胡蝶爱吃水果，而战时重庆又没有什么好吃的，就不惜代价派人从新疆空运来哈密瓜；看到胡蝶身体不好，就请来名医，细心调理，并举止得体的陪她出去散心。他的这些举动令胡蝶和潘有声都非常感动，夫妇二人对戴笠的戒备之心慢慢地放松了。

胡蝶入住曾家岩公馆后，戴笠总算可以天天看到自己心仪的佳人了，可是佳人却心有所属，另有怀抱。为了达到霸占胡蝶的最终目的，他开始想办法除去潘有声，除掉他很容易，可是稍有不慎，便全盘皆输。想来想去，他觉得最好的办法是调虎离山，将潘有声吸引到重庆以外的什么地方去赚钱。于是，1944 年春天，潘有声接到了商人们梦寐以求的专员委任状和滇缅公路的特别通行证。此时，他已经明白了戴笠把他“发配”昆明的真正用意，明知把妻子一人留在重庆，无疑是羊入虎口，可是看着家里两个年幼的孩子和胡蝶白发苍苍的母亲，再想到戴笠的冷酷无情，他只得含泪告别胡蝶，咬着牙外出奔波。潘有声一走，戴笠就撕破脸皮，不顾胡蝶的百般哀求，毫不掩饰企图地占有了她。从此在戴笠的威逼利诱下，胡蝶完全成了一只笼中小鸟，度过了一生中她觉得最糟糕透顶的三年生活。

为了避免别人的干扰，同时也为使胡蝶忘记过去，免去对丈夫的负疚感，在戴笠的精心安排下，她搬进了位于歌乐山的杨家山公馆。为了讨得胡蝶的欢心，戴笠把一切置之度外。胡蝶想吃南国的水果，他立即派出飞机从印度空运；胡蝶说拖鞋不受用，他一个电话就让人弄来各式各样的鞋子；胡蝶嫌杨家山公馆的窗户狭小，光线不充沛，又嫌楼前的景物不别致，他急忙命人在公馆前方，专门为她重新修建一幢花园洋房。在神仙洞周围，他计划建筑一栋规格、设施、造价远远超过其他公馆的豪华别墅，准备作为他和胡蝶将来的秘密居所。他认为神仙洞除了地名吉利外，还环境清静，风

● 胡蝶端庄美丽的面容，令戴笠艳美不已，戴笠曾给胡蝶留字条说："君乘车，我戴笠，他日相逢下车揖"。这是胡蝶在阅读《女神》画报

景优美，便于隐居。为显示他的真心，博胡蝶一笑，修这所房子时，他要求汽车可以直达门口而不爬坡。为此，他亲自测好地形，凡车路经过的地方，居民们都得搬走，房子一律拆迁。除此之外，他还亲自设计如何在斜坡上用石块镶成“喜”和“寿”两个大字，如何在空隙处栽上各种奇花异草。为了保密，同时也为了防止胡蝶和外界接触，戴笠特地在别墅外围修建了电网、水渠及隔离外界的围墙，外面还设置了岗亭。

在同居期间，为了讨胡蝶的欢心，戴笠又为胡蝶修建了好几处住所，如罗家湾19号、重庆南岸汪山、嘉陵新村、浮图关李家花园等等。另外在杨家山公馆前面还特地修建一处很考究的花园，花费了近一万银元的代价购买了各种名贵奇花异卉。他和胡蝶住在这里时，每天早晚总要陪胡蝶去花园散步。胡蝶虽然生活在这样优越的环境里，但不能与自己的家人在一起，也不能与自己喜爱的电影和影迷在一起，她仍天天闷闷不乐，戴笠对她越好，她越觉得自己的人生是一个悲剧。她觉得自己一步步地被毁灭掉了，再也找不回原来那个纯洁、坦率的胡蝶，一个愿跟普通、老实的商人过日子的妻子，一个准备着为电影贡献一生的影人。在上海那个快乐美丽受观众爱戴和拥护的影后胡蝶已经死了，不会有人再瞧得起她，她也不能再从事自己热爱的电影事业，一念及此她就常常泪湿衣襟。

● 胡蝶与著名影星林黛的合影

1946年胡蝶随戴笠回到了她思念了八年之久的上海，令她没有想到的是戴笠向她提出了结婚的要求，要明媒正娶她为妻。似乎对胡蝶用了真情的戴笠说：“我今生最大的心愿，是与你正式结为夫妻，你是我的唯一，其他什么事都不能改变我对你的爱。我是真心爱你的，为了你，我什么都可以不要。我现在最大的心愿就是与你正式结婚。”为了达到和胡蝶结婚的目的，戴笠再次安排潜伏特务拘押了潘有声，并暗中让人诱劝他解除与胡蝶的夫妻关系，以便他与胡蝶正式结婚。期待着与家人团聚的胡蝶含着眼泪对丈夫说：“有声，虽然我们办了离婚手续，但是我的心是永远属于你的，姓戴的只能霸占我的身体，却霸占不了我的心。”就在戴笠一心准备在 1946 年 3 月下旬与胡蝶正式举行婚礼时，他却因飞机失事烧死在南京西郊的戴山上。

㊃

戴笠的突然死亡，使胡蝶重获自由，她又回到了丈夫和孩子的身边。可是当一家人终于团聚在上海准备开始新的生活时，她又犹豫了。经过抗日烽火洗礼的上海，活跃着的是新一代更加年轻有为的女影星，上海电影的未来已经不再是属于她的了；生活上，她与戴笠之间的关系，使她无法从容面对从重庆等地重返上海的左翼影人，尤其是无法逃避一批有“隐私癖”的黄色报刊记者，好友阮玲玉悲愤自杀一事使她对“人言可畏”更增添了一份恐惧。经过一番慎重的讨论，胡蝶和潘有声决定携一双儿女去香港发展。

到香港后，潘有声创办了以生产“蝴蝶牌”系列热水瓶为主的兴华洋行。胡蝶倾注了全力，辅佐潘有声从事经营。这种苦尽甘来，朝夕相处的生活只持续了六年，潘有声就病逝了。她这一生只有两个最爱，一个是潘有声，一个是电影。丈夫的先她而去，使她始终无法摆脱孤独和悲哀，对电影的思念一日浓似一日。

1959 年，在亲友的鼓励下，已年过半百的胡蝶加盟邵氏公司，回到了阔别十年的电影界重铸辉煌。她先后为邵氏公司主演了《街童》、《苦儿流浪记》、《两代女性》、《后门》等片，其中《后门》一片获第七届亚洲电影节最佳影片金禾奖，而她获得了最佳女主角奖，同年该片又捧走了日本文部大臣颁赠的特别最佳电影奖。

1975 年，胡蝶移居加拿大的温哥华，并改名为潘宝娟。宝娟是她父母为她起的乳名，以潘为姓则表达了她对亡夫潘有声的怀念之情。告别了影坛又身居异地的胡蝶，时常怀念着祖国，关注着中国电影的情况。每有人去看望她时，她总是不忘叮嘱回国后，代她向国内观众，尤其是上海观众问好，那里是她的根啊！每当她心潮澎湃，思绪激荡时，她就恨不得身上长上双翅，立刻飞回到那块生她养她造就她事业的热土，哪怕她只在那上面走上一步，看上一眼，抚摸一下。泪水在眼里打转时，她就会情不自禁地开口背诵国民党元老于右任老先生的诗：

葬我于高山之上兮，望我大陆；大陆不可见兮，只有痛哭！
葬我与高山之上兮，望我故乡；故乡不可见兮，永不能忘！

在她的回忆录里，她深情写道："据说温哥华的地形像摊开的右手，手的方向是伸向太平洋彼岸的亚洲，伸向中国。我住在这滨海城市的临海大厦，不论是晴朗的白天，或是群星灿烂、灯火闪烁的夜晚，当我站在窗户边向远处眺望时，我的心也像温哥华的地形似的，伸向东方，希望握着祖国、我的母亲的温暖的手。"

但是面对祖国朋友和故乡影迷的召唤，她却以身体不济，力不从心为借口一次次的推脱，与戴笠之间那段难于启齿的往事，是横亘在她与故乡之间一堵无形的墙，情感上的难堪使她迈不动回家的

步伐。她害怕记者会问起这段封锁在她内心最深处的记忆，甚至于在她自己晚年所写的回忆录里，她也有意地回避了这段让她不堪回首的前尘往事。

1989 年 4 月 25 日，翩舞人间近百年的胡蝶在温哥华因病与世长辞，应她的要求骨灰安葬在她深爱了一生的亲人旁边。这位中国第一位影后留给世人的最后一句话是："胡蝶要飞走了！中国，衷心祝愿你繁荣昌盛！"

怀着忧虑的心情飞离了人世的胡蝶，并不知道，一个人在最无助的时候也不出卖自己的祖国，这种精神世界里最本质的爱国之情使人们早就理解并原谅了她。她逝世后，她为之魂牵梦萦的上海为她举办了隆重的胡蝶影艺纪念活动，放映了她所主演的成名影片，并召开了胡蝶影艺研讨会，以上海电影家协会主席张骏祥为首的电影界、文艺界著名人士和胡蝶生前好友及老影迷等 60 余人出席了这次纪念活动；1995 年，为了纪念世界电影诞生 100 周年，中国电影诞生 90 周年，中国电影界评选出中华影星 126 名，她的名字醒目地列在其中；1996 年 10 月，在新落成的中国电影资料馆高层办公大楼 2 层楼内，沿着四壁环形地悬挂着中国电影有史以来有突出贡献的电影艺术家的大幅画像，她楚楚动人的笑容也在其中灿烂。

九泉之下的胡蝶若知这一切，一定会含笑而归！

阮玲玉之悲苦

上海，请将我遗忘

● 著名影星阮玲玉

“人言可畏”可是一个女子的一生？生前的她颠倒众生，死后的她让人唏嘘不已，只有25岁便飘然而去，如果不是上海这个繁华之地，她也许不会有这样悲惨之境遇，这样的走投无路，但是若非上海给了她舞台，她也只是俗世的一名女子，而不会那样光芒四射，她就是阮玲玉。阮玲玉算不得绝世美女，但是端庄大方、清丽脱俗；她才华横溢、勤奋刻苦，倾所有之热情塑造一个个鲜活的女性形象，只是不幸的爱情和坎坷的命运让其永远地离开了大上海这个让人又爱又恨的地方。1935年3月8日，阮玲玉在上海新闸路沁园村的住宅服安眠药自尽，在这个妇女的节日里，徘徊在新女性和旧女性之间，挣扎于浮华而苦难的世界之中的阮玲玉在给唐季珊的遗书中说，你可以做你想做的事情了，我很快乐。

一

清末的上海，动荡纷乱。帝国主义的势力，早把富饶诱人的上海大地划分为各个租界，在这块土地上，洋人吮吸着财富，清朝官吏刮尽了民膏。一个普通的工人，好像生活在地狱的底层。阮玲玉就出生于上海的一个工人家庭。

1910年4月26日这一天，在上海朱家木桥祥安里的一间阴暗狭窄的小屋里，年近四十的中年男工阮用荣，请了假在家里忙里忙外。老迈的旧式接生婆正在匆匆地张罗着。一名刚刚25岁、面容

憔悴的妇女，阮用荣的妻子何氏躺在破旧的木板床上，呻吟着，喊叫着，正在为她第二个孩子的出生苦苦挣扎。

善良的母亲，辛劳的父亲，并不为提前降临的第二个孩子高兴。他们只是盼望着这第二个孩子是个男孩，因此，当接生婆告知他们得了一个女孩时，阮用荣愁苦的脸上眉头皱得更紧了。他没有多瞧这多余的女孩一眼，长长地叹口气就把接生婆送走了。精疲力竭的母亲，勉强睁开眼望了这身边的婴儿，不知是喜悦还是悲苦。

父亲求人给女孩取了个文静的名字：凤根。而这无知的婴儿的到来，并没有给家中生活带来起色。在这个阴暗的房间里，愁苦还是这么多，生活还是如此艰难。

不久，死神又闯进了他们的家中。在她两岁时，唯一的姐姐死去了。从那时起，父母便更加疼爱小凤根。像突如其来的一场巨大的雷击，她 6 岁时，父亲又不幸去世。在童年的梦里，她尝到的是人生的疾苦。

穷人的孩子早当家。凤根随着母亲，给有钱人家当小丫头，小小的年纪就学着打杂、洗衣，给老爷擦皮鞋，替太太抱小少爷。惟有相依为命的母亲心疼她，夏天，凤根累得满头大汗，面色通红；冬日，她双手起了冻疮，肿得很高。母亲瞅着主人家出门的时候，让她放下手上的活计，悄悄去休息一会。由于家贫及体弱多病，凤根 8 岁才上学念书，改学名为玉英。起初，进的是私塾。第二年，转入崇德女子学校。发自内心的精神的力量，使她自小有无穷无尽的求知欲，比许多富家的孩子学得认真、进步得快。年幼的孩子，谁不贪睡，而她要忙到主人们睡了才能学习，常常要熬到深夜；天色微明就得起床，偷偷温习了功课又得干活。她不觉得苦，也不怕累，一心要念书识字，成为“自立的女子”。

玉英渐渐长大了起来，学校里的功课对她已经不那么费力了，她

● 阮玲玉（1910—1935），原名阮玉英，广东中山人，曾主演著名影片《故都春梦》、《神女》等，其精湛的演技在西方电影界赢得了“中国的嘉宝”之美誉

开始借来许多小说来读。小说是五花八门的，而她从中一次次体验了各种人、各种生活的甜酸苦辣。她嗜书如命，终生不变。这不知不觉地在她身上培育了艺术的细胞，对她走上电影演员的道路有莫大的影响。

生活的磨难，使玉英比普通少女更早熟；生活的磨难，却又使玉英过早地将自己的命运和一名玩世不恭的少爷联结在一起。这是她悲剧命运的开始，也是她悲惨生涯决定因素之一。 这是阮玲玉短促一生中的第一个男人，从 16 岁到 25 岁的近 10 年中，她为他付出了青春和血汗钱。而他则愈来愈像魔影似地追随着她，笼罩着她，直至将她送给了死神。此人便是上海张家的三少爷——张达民。

阮玉英 16 岁那年，母亲在早期武侠影星张慧冲家里帮工。他的三弟达民在一次崇德女子学校的晚会上，看到了阮玉英的戏剧演出，一下子对她产生了好感。那时的阮玲玉，同学这样形容：她既不漂亮，又不摩登，不过几点细麻麻得很俏，态度也生得风骚一些，尤其是那一双眼珠，滑溜溜的真摄人魂魄。从相识到恋爱，从恋爱到同居，是闪电式的。玉英在此期间，也曾痛苦彷徨过。有时她暗自思忖：我这以后的路该怎么走呢？自己内心的向往自然是先念书、后工作，做一个自立的人。可每每将这一想法向母亲倾吐时，总在母亲脸上看到一副痛苦、内疚的神情，接着是一声长长的哀叹。与张达民结婚，或许还是一条好出路。玉英又想到：自与张达民认识以来，特别自那次学校演出之后，他总是笑脸相迎，从不摆出少爷架子，对母亲也很和蔼可亲，可结婚就是唯一能走的路吗？

母亲觉得女儿能嫁张家，是再好不过的事，从此自己终身有靠，地位改变。因而自始至终热心地劝说女儿应允这件事。玉英母命难违，就这样轻易地，似懂非懂地与这位张少爷结了婚。 说是结婚，并无正式的婚姻仪式和手续。阮玉英初嫁时年方二八，完全是个青春少女，那种流传了千百年“嫁鸡随鸡，嫁狗随狗”的思想，牢牢

占据了她的心灵。要是这位张家三少爷稍有上进之心，能够安分守己，玉英就将会终身相随，忠贞到头。而他却像许多纨绔子弟一样，一步步走向了堕落。

二

阮玉英婚后不久，张慧冲突然兴冲冲地问她想不想拍电影。这意外的询问，使才过上几天安定生活的阮玉英大吃一惊，她的心口跳得厉害，在学校时，她就喜好文娱活动，登台演过戏。张慧冲就是在看她的演出中，发现了她的演出才能。演戏曾是阮玉英贫苦少女时代极大的感情寄托和人生一大幸事。

张慧冲瞧她呆呆地发怔，进一步劝她：“上海有家老牌的明星影片公司，正在招考电影演员，要是你愿意试试，我可以介绍你去。考不取也没关系，反正只是试一试。”

玉英的心被说动了。虽然结婚不久，丈夫和她的感情并不浓烈。张达民原是一个依靠父母钱财混日子的世家子弟，他不像他的三个兄弟，有固定职业和收入，成年后又结交了几个不三不四的朋友，常常到赌场里混日子。同居了数月后，张达民因手中经济不大宽裕而多有埋怨，不时还对她发脾气。不到半年的时间，他几乎完全断绝了对阮玉英生活上的供给，因此阮玉英更坚定了要闯入社会、走独立自主的道路的想法。事情就这样很简单地决定了。她生活在这个和电影关系密切的家庭里，张达民也没提什么反对意见，再说这又是一条挣钱的出路，母亲当然更是惟张家之命而从，也赞成女儿去碰碰运气。

1926 年的一个春光明媚的日子里，张慧冲偕同玉英和阮母来到明星公司直接去找电影导演卜万苍了，让她参加《挂名的夫妻》

这部默片女主角的应试。卜万苍事先已经从介绍里预先有了个印象，待他一见，细细端详，便感到这名年轻女人虽不是什么绝色美人，却有一股清秀气。尤为可贵的是，她没有上海摩登女郎那种洋味和俗气，于是立即答应让她参加《挂名的夫妻》女主角的试戏。这意外的顺利，使玉英又喜又愁，喜的是受到了一位令她敬畏的电影导演的青睐，愁的是她真能演好这个主角吗？

● 阮玲玉与母亲、养女的合影

明星公司很多人都对选择玉英表示怀疑，卜万苍力排众议，独执己见。他的确还没有试过她的表演才能，尤其不了解她会不会拍电影，只是从接触中有一种隐隐约约的感觉：这是个可以造就之才。外貌虽不惊人，却有一股隐含内在的力量，为了郑重起见，卜万苍答允试一试她的戏，再作定夺。

玉英打起精神，认真地梳妆了一番，以紧张万分的心情，走进了这家赫赫有名的电影公司。在场看她试戏的有公司的决策人物张石川等人，气氛十分严肃。卜导演和蔼地向她讲解了剧中的人物要求，以及怎样演好这名可怜的女子。她认真地听讲，对导演的话却似懂非懂。临到卜导演让她试着走几段戏时，她几乎手足无措，连步子都不会走了。一个天性聪慧，酷爱演戏，又有过舞台经验的女子，竟在万分惶恐不安的心情中把一切都弄糟了。糟得连自己也不能相信，自然更使张石川和卜导演大大地失望了。

当试戏停下来时，玉英心里难过极了。审看的人们纷纷离去。卜万苍的情绪也从开朗转为阴沉，默默无言。玉英深深地失望了，自感“拍电影”的大门从此对她关上了。她咬了咬牙，打起了精神，

● 1932年阮玲玉在《三个摩登女性》的剧照

走向陪伴她来的母亲，转身准备离去。当母女俩缓缓地走出试戏场时，突然，她们的脑后传来了一个响亮的声音：“等一等。”卜万苍快步走了过来，向阮玉英说：“明早再来试一趟吧。”听到这话，阮玉英的泪水禁不住流了出来。

无眠的夜里，她把自己要演的那个角色反复琢磨。片中的少女不是自己，但是又有自己的影子。她隐隐感到，自己和这个要扮演的不幸女子，有相近之处，在她的心中，升起了一种信心。她在不知不觉中，激发起一定能演好的愿望。

当她由母亲陪同，再次走进明星电影公司大门和试演场时，心不再剧烈地跳，神态也从容得多了。卜万苍以鼓励的眼神对着玉英说：“这没有什么，就像你在生活中照相一样！”玉英此刻已忘了是在试戏，也不去想“当明星”的事情，一心投入人物之中。她的步履、神情，都在刹那间成了少女史妙文。她本与青年王定章相恋，而家庭包办了她的婚姻，让她嫁给一名痴呆的富家子弟方少琏，她为此忍受着感情的痛苦。这样的故事、人物，并不新鲜，而由于阮玉英用真情实感去演，演起来楚楚动人，使周围在场的人都怔住了。卜万苍的脸色由肃穆转向赞赏。当试演告一段落时，他连连向阮玉英说：“好，很好。我决定让你来演！”

阮玉英心底升起了一股暖流。当她从人物的情景中完全清醒过来时，终于意识到电影的大门已为她打开了。她终于成了《挂名的

夫妻》这部默片的女主角，而且改艺名为阮玲玉。她，终于跨出了第一步，这是多么艰难的第一步啊！这一步中有自己的心血，也有卜导演的信任。

在阮玲玉短短的艺术生活中，从未忘怀卜万苍的知遇之恩，阮玲玉对卜万苍在艺术上更为敬重，始终事以师礼，对卜之指点，无不唯命是从。卜万苍也以一个艺术界的长者关怀着阮玲玉的成长，在 1932 年由他执导的《三个摩登女性》中，最后决定由她担任女主角淑贞。该片与观众见面后，阮玲玉的表演又获新的成功。卜万苍兴致盎然地著文说："我认识阮玲玉，还是在她未演电影之前，所以我和她的关系是比较深切的。记得那时候的她，天天做着明星的梦，但是总没有去实现的勇气，又没有入门的机会。我请她担任《挂名的夫妻》片中的女主角。片成之后，一时获得不少佳誉。再仗着她的天才和不断的努力，现在已成了中国女星中的最明亮的一个了。她的性格很好，待人接物俱甚和蔼。尤其对我，从她演电影起一直到现在都是忘不了我们的友谊，这是值得赞颂她的。"

阮玲玉在两年间，成了颇有声誉的女明星，但她的内心并不宁静。婚后，张达民已不像当初追求时那么温顺、体贴；有时阮玲玉对他的放荡生活好言相劝，他却恶语伤人。他的两个哥哥（张慧冲、张惠民都开过公司，也都以演武侠片出名）在事业上都锐意进取，而张达民却终日无所事事、游手好闲。

阮玲玉感到生活、感情的无望，更感到自己要在经济上独立。自入明星影片公司以来，最初薪金是 40 元，现在由于摄制的影片较多，片酬也有提高，完全够自己、母亲和小玉（原为阮母收留的一个孤苦女孩，玲玉见而生爱，求母亲给她，当亲生女儿抚养）的生活，阮玲玉意识到自己的生活、事业走到这一步不容易，如果从这一步败下阵来，那就不堪设想了！"一定要演好每一个角色"——

既为了实现心中美好的理想，又为了实际生活的需要。

为了演好戏，她每接到一个角色，就将自己关在房中准备，揣摩角色的神情、动作，一会嬉笑，一会哭泣。当有人问她：你在家中准备角色和在摄影棚里时，怎么能一会儿笑得那么由衷，顷刻之间又可以哭得那么真情呢？阮玲玉回答说：“演戏就要像疯了一样。演员是疯子！”接着，她还带着一种创造的喜悦神情说：“我就是疯子！”

在阮玲玉创造角色的过程中，往往是凭自己的生活经历、感情进入角色，有时还需借助小说中描绘的人物心理、神态、动作，来丰富角色的创造。所以在阮玲玉的生活中，嗜书如命。上海当时到处有租书店和小书摊，她成了这里的常客。她向租书店每月缴纳一元伍角钱，三两天就把厚厚一本书读完了，又去换借来看。她是个书迷，连去摄影棚拍戏，都请娘姨带着书，戏一拍完，即从娘姨处取书。她曾情不自禁地笑着说：“娘姨是我的一个书橱！”阮玲玉从小说中探索到各种女性的精神世界，并在自己的艺术实践中，丰富了自己的角色创造。这，更坚定了她的阅读习惯，数年间，她看过的书竟不下千册。

阮玲玉阅读的书，都是从书店租赁来的，看后即还。可是有一部传记小说，即美国女舞蹈家伊沙杜拉·邓肯(1878–1927)写的自传，却是从书店购来“备朝夕研揣焉”。阮玲玉从自己的表演艺术实践中，萌发了一种与邓肯的舞蹈艺术密切相关的艺术感觉。这种艺术感觉，使阮玲玉在默片时期的表演艺术，与“现代舞之母”的邓肯一样，有着同样的艺术光辉和魅力。

此时阮玲玉感到公司对自己往往另眼相看，态度冷落。这自然伤害了一个有抱负、有作为、又蕴藏着无限创造力的青年演员的自尊心。再说，明星公司武侠片的兴起，在阮玲玉心中也引起了思考。阮玲玉不喜欢武侠片，也不愿尝试出演武侠片，因为这种影片只求新奇热闹，演员不能展示精细的演技。明星公司专注拍武侠片，这就使能演戏而不愿意搞这种武侠片的阮玲玉感到英雄无用武之地了。阮玲玉思虑再三，决定另谋出路。

1928 年，她离开了明星影片公司，加入大中华百合影片公司，

● 1930 年阮玲玉在《故都春梦》中的剧照

第二年又转入联华影业公司，从此真正走向了她思想上、艺术上的新路程，向默片表演艺术的顶峰不断攀登。阮玲玉的艺术才华是和“联华”相联系的。可以说，她始于“明星”，却成熟于“联华”。“联华”的一些著名导演孙瑜、卜万苍、朱石麟、费穆、蔡楚生、吴永刚，在阮玲玉的艺术道路上都起过不可磨灭的作用。而阮玲玉，又以她那杰出的、多面的、不断探求的艺术才能，为“联华”，为这些艺

术家的电影作品，为中国早期电影事业作出了永垂青史的贡献。

“联华”，新兴于上个世纪二十年代末，思想、艺术都有一定进取革新精神，题材注重现实，手法讲究新颖，阮玲玉进入“联华”之后，自然感到耳目一新，精神振奋，蕴于心底多年的艺术之泉终于不可抑制地喷涌而出了。

客观情况的变化，对阮玲玉艺术发展有着重大影响。但真正能推动她在艺术上不断进步的，仍是她那永不停顿的对艺术创造追求的性格。这使她不安于现状，不满足于已有的名利地位，而有一种开拓的冒险的精神。

假如说，阮玲玉的初入影圈的大门，是得力于卜万苍的“慧眼”和提携的话，那么，她进入“联华”之后，能使她的才华得以展露，又得归功于中国电影界的元老孙瑜先生。孙瑜是中国电影工作者到外国学习的第一人。他从清华毕业后，在美国威斯康星大学、纽约摄制学院和哥伦比亚大学选修过文学、戏剧、电影编导、摄影、洗印、剪辑等学科。后来有人问孙瑜，他是怎样发现和选用阮玲玉的？孙瑜回答说：“最初，我看过阮玲玉演的几部舞台戏，认为她各方面条件都不错。后经人推荐，请她在《故都春梦》中扮演红妓女，她演得非常成功。”孙瑜不仅挑选阮玲玉在《故都春梦》里扮演妓女燕燕，而且细心引导，发挥了她的个性和才能，使她的演技有了显著提高，从此确立了一名真正的电影表演艺术家的地位。由孙瑜导演，阮玲玉主演的影片，除《故都春梦》、《野草闲花》外，还有1933年拍摄的《小玩意》。在这三次合作中，孙瑜对阮玲玉的演技留下了很好、很深的印象。

阮玲玉去世后，孙瑜坐在阮玲玉遗体旁，默默地凝视着她，痛惜这位被万恶的旧世界吞噬了的艺术天才。他在《联华画报》上发表文章说：“她（阮玲玉）的一生是一页挣扎向上的史实。阮玲玉

的卓绝演技霸占了中国影坛十几年以来的第一位。”在阮玲玉去世20多年后，他又写文章怀念阮玲玉，对她的表演艺术给予更高、更准确的评价：“阮玲玉的天才演技，是中国电影默片时代的骄傲。”

在阮玲玉所主演的29部影片中，就她的艺术上的完美和光彩来说，吴永刚导演的《神女》可以说是她的艺术顶峰之一。《神女》一片的故事情节极为简单，它写了一个城市的普通妇女，迫于要抚养她幼小的儿子，忍辱出卖肉体。结果一个流氓不仅占有了她，还要夺取她全部的“卖身钱”，她在忍无可忍的心情下，将他打死，最后被法院判处12年徒刑。

阮玲玉演出的那个连名字都没有的，神容黯淡的下等妓女，是一个从来没有被人爱过疼过、尝过人间温暖的下等妓女。容貌既不惊人，衣着更不华贵。她在小屋中的几步走动的姿态，她那微皱眉心的面容，以及领口都没有扣好的衣衫，一下子就让人产生了一种信任感。她亲了亲摇篮里的婴儿，换上墙上挂着的半新的花旗袍……这就是一个为生活所迫，以出卖肉体为职业的妓女形象。从她在《神女》中的第一个镜头起，阮玲玉从步态、面容、情绪、细节，都演得那么从容、自然、准确。而这又不是琐琐碎碎，断断续续的。它是这一艺术形象总体中的一部分、一方面。一皱眉，一昂头，一举步，一个眼神，都是人物整体中的一枝一叶。这种对人物整体把握和表达的能力，体现出阮玲玉的表演艺术已进入成熟的境地，已从一般表演上的真实、质朴、自然，达到了创造完整丰满的性格化表演的高峰。

阮玲玉在这一角色身上所追求，所探寻的，有更为重要，更具特色的另一面，那就是她在第一场里就定下的基调，崇高的无私的母爱。正是流动于她心灵之中的这种母爱，使神女的形象发出了与众不同的异彩。在影片中，孩子才是神女的欢乐、安慰、希望。她

● 1934 年阮玲玉在《神女》中的剧照

的肉体虽然属于世上的任何男人，可她的灵魂却只属于她的孩子。当她一抱起孩子时，似乎在灵魂里纯洁得没有一丝污秽。人们不能不感到惊讶，阮玲玉竟能这样天才地将最不幸、最痛苦的情感和最崇高、最丰富的母爱糅和在一起；竟能从一个最下等的妓女身上，发掘出最美、最无私、最纯洁的母爱之光；竟能从最寻常、最普遍的日常生活中，挖掘出一种艺术美的境界。我们从心底发出由衷赞叹，当二十年代初，中国早期女演员的表演大都还受着文明戏、形式主义、刻板化的束缚和影响时，她却迈出了现实主义表演艺术的极可宝贵的一步。从内心到外形，从动作到表情，她都能如此自然、和谐、清新、质朴，尤其是她力求生活感而不流于琐碎，注重人物的性格刻画，注重形象的整体。与她同一时期的世界各国的著名女星相比，是毫不逊色的。人们难于忘怀的是阮玲玉在《神女》中那纤弱灵巧、造型优美的形体；更难于忘怀的是那凄楚冷峻的眼神，这一切的美，在人们的心中是永恒的。

㊂

阮玲玉与张达民同居后，张的兄嫂对阮母甚好，感情融洽，阮玲玉考虑到大家庭居住不便，便和张达民商量另行赁屋。经过一番努力之后，终于在上海海宁路十八号东德兴里找到了新居。阮的母亲也与他们一起居住，还领养了一名小女孩，取名妙蓉（小玉）。在阮玲玉婚后的一段时间中，她对张达民有了进一步的观察和了解。张家的四兄弟中，长兄是武侠明星张慧冲，大嫂是电影明星徐素娥；二兄张惠民也是个武侠明星，二嫂是颇有声誉的电影明星吴素馨。这两位兄长都以拍武侠片出名，还开过影片公司，各有一套创业立

命的本领。四弟虽年轻，也很努力，在静安寺路开设了一家卡尔生照相馆。四兄弟中，唯有自己的丈夫、老三张达民游手好闲，既无固定的职业，又不努力上进。后来，他更是变本加厉地暴露出挥霍无度的浪荡习性，加上阮玲玉进入电影界后，渐渐有了声誉和收入，张达民将她看作摇钱树，胃口越来越大，简直到了索取无厌的地步。渐渐地，他们间的意见日益增多，还经常发生口角。阮玲玉自幼清苦无势，现仅有弱母幼女相依为命，当她受到张达民的欺负、忍无可忍时，曾被迫分居三次，并曾服毒自杀，幸亏抢救及时，才痛苦地生活下去。命运之神正是这样的摆弄着阮玲玉。正当她的事业一步一步向前发展的时候，她的感情生活也一步一步地向悲剧演变。

在阮玲玉往北平去拍摄《故都春梦》外景时，张达民在上海尽情地嫖赌，把家里折产分得的 1 万多元钱，全部嫖尽输光了。当她回家后，对他好言相劝，张达民却拿出先前做主子的样子先吵后骂，甚至动手打了阮玲玉一个嘴巴。张达民还当着阮玲玉的面，拉开架势要打她的母亲。从此，阮玲玉与张达民的感情彻底破裂，再也无法弥补了。在一段时期内，阮玲玉心中想的是断绝，张达民却百般纠缠。这一场纠纷白热化的后果，只有诉诸于法律。阮玲玉曾这样痛诉了自己的悲愤：“他会恐吓，他会闹，他要起赌博的本钱来，眼见我把衣饰当了凑钱给他，他也不叫一声可惜，我真给缠不过了，于是我便亲自去找罗明佑先生（联华公司负责人），恳他代为设法给张达民找个职业，把他推荐在光华大戏院担任经理，月薪 120 元。可是他却偏偏仍常来公司跟我寻事、闹架。”终于，阮玲玉忍无可忍，提出了离婚的要求。后经亲友调解，两人仍勉强住在一起。

1932 年上海“一·二八”事变时，他们同赴香港，阮玲玉想，如果他“依旧在这个上海的恶劣环境里，是无论如何改不过他的脾气来的”，于是介绍张达民在轮船上做事。同年 4 月，阮玲玉接“联华”电报，返沪拍《续故都春梦》，在这段时间她的心情轻快了，也更豁达了。闲暇无事，也能和二三好友到戏院去听听戏。除了看戏，阮玲玉也很喜欢音乐和跳舞。“联华”一厂就组织有音乐会，担任教授的是当年的少年音乐家关华石。加入者，除一厂主任黎明伟，导演卜万苍，演员金焰、林楚楚（黎民伟的妻子）、陈燕燕外，阮玲玉也欣然参加。她也是舞会的积极参加者。这既是爱好，也是对演员的身体灵敏、节奏感的极好训练。这期间，阮玲玉好像暂时摆脱了笼子的鸟儿，自由、快活。她聪明美丽，豪放开朗，热爱生活里一切美好的东西，热爱多种艺术，更热爱电影事业。

三十年代初，阮玲玉的声誉与日俱增。特别是青年学生们，更是对她崇拜得无以复加。阮玲玉在内心充满着冲突和矛盾。一方面，她风趣、爽朗，对艺术事业勇往直前；另一方面，又常常感到身世的凄凉，婚姻的不幸，她的感情常常是脆弱而悲观的。阮玲玉时常对人说：“女人太苦”，又常说：“一个女人活过 30 岁，就没有什么意思了”。她是一个虔诚的佛教徒，曾数次到普陀进香；在苏州拍《人生》的时候，一行人曾同去游玩虎丘；归途中，她又在西园进香，在五百罗汉画前，每一尊供上一支香。她知道在佛前烧香是一种迷信的行为，而暂时还不能克服这种矛盾。她对于这种内心的冲突，正如对于生活上的矛盾一样，无时不在挣扎，无时不在斗争。也许，正因为阮玲玉的内心充满着矛盾，又加上她性格中悲观、脆弱的因素，酿成她后来自杀离世的内因。

阮玲玉在她最后的四五年艺术生涯里，进入了创作最旺盛、演技状态最佳的时期。竟演出了近 70 部影片，并大都担任有很重分量的主要角色。是什么促成阮玲玉进入她创作最旺盛、演技状态最佳的时期呢？主要因素是正在开展的左翼电影创作，为她提供了一批新的女性形象，如《三个摩登的女性》、《恋爱与义务》、《小玩意》、《神女》、《新女性》等。

当阮玲玉在左翼电影运动中，在表演艺术上有着迅速发展时，那追随着她的悲剧命运，似乎也以更快的速度，在向更深的方向进展了。这是因为在阮玲玉的感情生活里，纠缠不休的张达民的身影渐渐“淡化”，一名叫唐季珊的富商的暗影，又推到了她生活的“前景”上来了。提到唐季珊，这还得从联华公司谈起。当时上海摄制影片的公司林立，相互之间的竞争甚为激烈，就是较有根基的公司，如果不发展、巩固自己的事业，也存在倒闭和被挤垮的危险。担任“联华”第一厂主任的黎民伟，为扩大、稳定自己公司的范围和权势，想拉富裕的茶商——茶华公司的经理唐季珊入股，常在公司和租赁场地召开联谊会和舞会，并要求联华公司的女演员参加，和他联络伴舞。自然，在这种场合，是独独不能缺少当时演剧声誉日高的阮玲玉的。

唐季珊不仅是一个茶行巨富，更是一个情场老手，想当年，他能追逐到红极一时的影后张织云，就可证明他对付女人是很有一套手腕的。张织云是我国电影正处于萌芽时期的电影女演员，她是我国电影史上的第一任电影皇后。当时，正

● 1931 年阮玲玉在《桃花泣血记》中的剧照

处于艺术的黄金时代的张织云与唐季珊同居，并与他到世界电影名城好莱坞观光。但张织云在美国的公开身份，不是中国电影明星，而是以茶叶商人的太太身份出现在各种社交场所。回国之后，唐季珊不仅与原妻室有所来往，而且既有旧好，又添新欢。当张织云与唐季珊争执时，唐季珊正好借机将张织云抛弃。

唐季珊自从与阮玲玉数次接触后，对阮玲玉的追逐甚为热烈。阮玲玉开始只是为了“联华”的事业，对他作一般的周旋、交际。何况张达民还三天两头来要钱、吵闹，已使她在感情上伤透了心。加之影片一部一部的连续拍摄，哪有余暇去想这些情场上的事呢？可唐季珊手段老到，不仅对阮玲玉百般温存、随和，还仔细体察、了解她感情上的需求。他每次去她家，都要给阮玲玉心爱的小女妙蓉（小玉）带些小衣裙、洋娃娃，小孩子思想单纯，见着他，就拉着手亲如家人。唐季珊对阮母，更是恭敬得五体投地，极尽阿谀奉迎之能事，“阿婆”、“阿婆”的叫个不停，将上海好的衣料、点心买了送她不算，还常陪她打牌，设法将钱输给她，以博得她对自己的好感。经过大半辈子动荡贫困的阮母，见着很有经济实力的唐季珊主动来巴结她，也被哄得笑逐颜开。况且，阮玲玉离开了张达民后，也需要终身有靠。唐季珊为了取得阮玲玉的爱恋，打的是一场迂回战、包围战。阮玲玉深爱相依为命的母亲和小玉，他就先取得了她们的欢心。

确实，他的力气并没有白花，阮玲玉对唐季珊也有所心动。但她到底是在生活中曾有过一次失意和打击的人，所以她平时仍深自矜持。在与唐季珊的接触中，依然保持一定的距离，在繁忙的拍片生活里，她把业余时间都用在准备角色上，不敢有稍许懈怠。但唐季珊为阮玲玉的色艺所动，决心坚定，积极向阮玲玉“进攻”。他反复表示，决不会像张达民那样对待她，也绝不会像和张织云那样与阮玲玉分离。阮玲玉在生活中，有女性脆弱的一面，她常常因重

● 阮玲玉

感情而失去理智。在唐季珊以前不久，曾有一华侨富商，向她表示爱慕，追逐热烈，为她修造洋房、高价购买饰物，用以金屋藏娇。后因为有人识破他家中已有三房妻妾，劝阮玲玉与他割断了关系。事后，阮玲玉也十分庆幸自己未踏进这一痛苦的深渊。阮玲玉对劝解她的这位友人坦诚地说："我这个人经不起别人对我好。要有人对我好，我也真会像疯了似的爱他！"

这次唐季珊为了得到她，精心设置了这一切，她就不知不觉地重蹈了张织云的覆辙。最初，唐季珊提出在她往返于摄影场的来回路上接送她时，她拒绝了，可一方拒绝，一方坚持，不管刮风下雨，唐季珊在标有"联华影业制片印刷有限公司"厂部的门外，身坐在汽车中静等阮玲玉的到来。一天，阮玲玉终于上了唐季珊的汽车。后来有一次在国民饭店跳舞后，两人终于结合在一起。阮玲玉与唐季珊的结合，在当时的观念中与现在的男婚女嫁是有所不同的。旧社会的男女婚姻，都以父母之命、媒妁之言为主要联姻方式，常常酿成不幸的人命悲剧。三四十年代中，有些具有新思想的青年，为反叛这些封建意识的羁绊，只要双方性格相投，志趣一致就可结合在一起。阮、唐的结合，在阮玲玉的内心深处，也是有这一层意思的。她知道，唐季珊在最初热恋张织云时，两人曾订有契约，各

执一纸，在该契约载明：唐如弃张，唐应赔偿张之损失费20万元。阮玲玉想：虽然唐季珊为新居办置了上好的红木家具，特制沙发床、椅，选购了我心爱的项链首饰等物，但这是与张织云结合的性质截然不同的。一是我们有真正的感情；二是我有独立的人格，不是他人的依附物，总之，我绝不停止去摄影场拍片。

阮玲玉希望唐季珊对他们的结合不必过多地张扬，因为以她当时在影坛的地位，定会遭到一些不好的舆论。阮玲玉与唐季珊结合时，在事业上已完全奠定了她在影坛上的地位，月入丰盛（一说每月收入千元，一说实际收入为700金），不会太贪爱唐季珊的钱财；再者，唐季珊已达不惑之年，并非风流少年，这说明两人之间尚有一定的感情。而对张达民呢，阮玲玉回想到与他在一起生活时的情况，仍是感到分外寒心的。那时为了将他从上海这个嫖赌的恶劣环境里拔出来，曾恳请从香港来的何东爵士，介绍他到瑞安轮上充任买办，可是去不数月，又用亏了1000余元，丢了工作后，又回来吵闹，于是阮玲玉又写信给十九路军范其务先生，把他介绍至福建福清税局任事，大概不到2个月，竟又三天两日地写信来缠扰她。为免却将来纠纷，阮玲玉找到律师伍澄宇，于1933年2月在报上登了一个声明：

伍澄宇律师受任阮玲玉女士聘为常年法律顾问并代表郑重声明启事：现本律理受当事人阮玲玉女士聘为常年法律顾问，以后凡关于阮玲玉女士名誉财产及其他一切法益如有加以侵害者，本律师尽依律师依法保护之责。同时并据阮女士一向抱独身主义，并未与何人为正式配偶，现亦未有与何人为婚姻契约。诚恐朋辈错认男女之际，致生误会，委为登报郑重声明等语。前来相应代表声明如上。

此致。

阮玲玉读了这一则声明后，对它的后果难以估量。经过反复思量，她还是带着矛盾的心情同意刊出了。在一段时间里，没有听见什么动静。

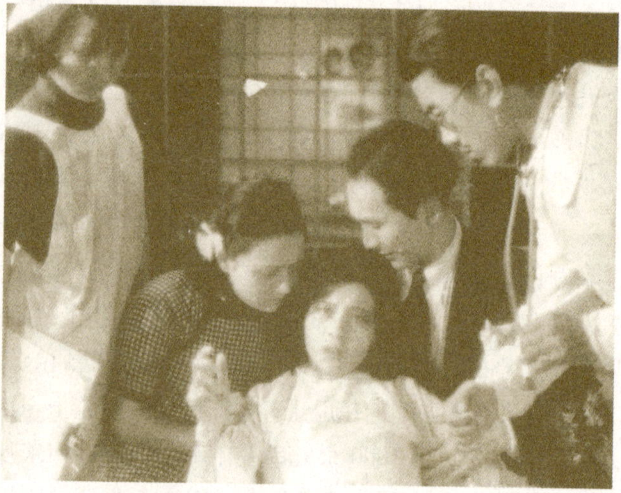

● 1934 年阮玲玉在《新女性》中的剧照

1933 年 4 月 9 日，张达民从福建因公到南京出差，路经上海回到家中，知道阮玲玉离开原来住处，并与唐季珊同居于大胜胡同 137 弄 1 号，曾登门对阮玲玉多次缠扰。阮玲玉忍无可忍，于 4 月 14 日约伍澄宇律师到中国饭店（张达民临时住处）找张达民谈判。在伍澄宇律师的证明下，双方达成协议，立约据为：

立脱离关系约据人阮玲玉张达民以下称甲乙今双方前曾一度发生恋爱同居关系，现为彼此免日后争执订立脱离关系条件如次：

（一）双方自签约后彼此各自立并声明以前并无为婚姻关系。

（二）甲因生计较乙为优并于脱离之后如乙之生计果有困难情形甲为念旧生恋爱之情仍需酌量津贴，但每月至多一百元为限以二年为期期满乙不得再有何要求。

（三）前条甲之生计若不能继续维持时乙不得以志为要求。

（四）乙之生计如何若不要甲津贴须以友谊将实在情况商告，不得有不实之事瞒欺甲方。

（五）双方为名誉保障起见约定对本约不为登报。

（六）乙方对甲方之津贴依照第二条若遇困难实甚经甲方同意按月之给付为时超过百元以上则陆续给付以满足二千四百元为额。

（七）双方以手续自立约之日后为清楚以后不得有任何项事件之主张。

（八）本约一式二纸各持一纸为凭。

阮玲玉　　张达民　　伍澄宇　　民国二十二年四月

㊃

张达民返回福建后不久，又丢掉了饭碗。失业后的时日，他几乎每月就靠这100元的津贴过活。阮玲玉自与张达民有了这样一项协议后，心中稍有平静和安慰。可那黑暗的旧社会的现实，将她这一点点可怜的平静和安慰也毫不留情地撕得粉碎。她与唐季珊的结合之日，正是她爱情上第二次失足之时。唐季珊以自己的富有，一贯对女性巧取豪夺、风流成性。婚后不久，阮玲玉就感到唐季珊的变化，他的热情、笑容可掬，常常透现着一些冷漠、貌合神离的神情。阮玲玉在生活中是一个绝顶聪明的人，她的表演职业，更促使她长于细心、善于

观察的特性。为此，她开始注意他了。有一次，唐季珊刮好胡子，穿上新添购的灰色西装，支支吾吾地出去了。阮玲玉设法尾随其后，终于印证了她的推测，亲眼见到唐季珊与一红舞女并肩携手地双双进入新居中去。阮玲玉看到此情此景，心快跳到喉咙口，手激动得急骤颤抖，几乎眼发黑晕了过去，那舞女胸前还戴着那颗红宝石项链！原来，在数天前，阮玲玉已见唐季珊行动有异，借他酒后熟睡之机，带着试探的心情，搜查了一下他的上衣口袋，摸着了一个硬绷绷的东西，拿出来一看，是一个精美的首饰盒子，内装这个红色宝石的项链。

唐季珊的变化，唐季珊的见异思迁，这一打击不亚于张达民的堕落。昔日阮玲玉与张达民联姻，是母女都寄人篱下，又受旧风俗习惯的束缚，家长为子女包办婚姻，代订婚约，收受财礼，到处都有。阮玲玉幼年丧父，母亲为她与张达民订婚，在当时是很平常的事情。何况，那时阮玲玉并未成年，婚姻由无经济能力的寡母代办，现在离异，能明了几分真相的人，可能同情是在阮玲玉这一边的；可是，与唐季珊同居时，自己已是一个 22 岁的成熟女子，又是一个曾经历过一次婚姻不幸的人，这是自作自受。

从此，在阮玲玉的生活中，有着异乎寻常的变化。不明底细的人，从表面看去，她照常拍戏，准备角色，参加社交活动，可只要是细心的人就会觉察到，她在和大家说笑的时候，总有那么一点像在哭的味道，或者笑声刚出来，又戛然而止。

㊄

阮玲玉的演艺事业如日中天，《新女性》一片使她和导演蔡楚生之间燃起激情爱火，萌发地下情。但公演该片却致使阮玲玉惹火

烧身：张达民欲敲诈当红影星，纠结小报记者极尽无事生非、煽风点火之能事，并诬告阮玲玉与唐季珊伤风败俗，通奸卷逃。旧社会的法院连风化案也管，没结婚也算，阮玲玉收到了法庭传票。

在这当口，阮玲玉受到唐季珊的责怪，她跑去找蔡楚生，要求一起逃离上海，“结了婚再回来”。蔡楚生被吓坏了，他乡下有老婆，岂能担当这样的风险。阮玲玉在他惨白的脸上看到了自己的厄运。一个逼迫、一个责难、一个逃避，她只有绝望而死。阮玲玉服毒后被唐季珊和阮母送至日本人开的医院，逢凌晨没有值班医生，阮母要求转院，唐季珊露出商人嘴脸：这里没人认得阮玲玉，到别处就会认出，一旦认出，我名誉尽毁。结果耽搁了最为关键的两三个小时，一代影后流星般稍纵即逝。

也许是这三个男人让阮玲玉了无生的希望，可是那样的社会里，这也许是一种宿命，“人言可畏”既是预示了人们对阮玲玉英年早逝的一种哀叹，也是对整个社会冷漠无情的写照。阮玲玉葬于上海青浦县福寿园。直到今天，每年的 3 月 8 日，人们都会想起这样一位女性，既柔弱又坚强，既依赖又独立，她和她所塑造的银幕形象一样备受欺辱却闪耀着女性和母性的光辉，那个婀娜身段，永远身着旗袍的身影又成就了上海的一段传奇。

● 上海青浦县福寿园中的阮玲玉纪念碑

CAPITOL

苏青之骇俗

『饮食男，女性之大欲也』

● 苏青（1914—1982）

1937 年 11 月，上海抗战失利，抗日军队撤出了上海，上海之中国地界为日寇占领，英法租界则沦为“孤岛”。就在这“孤岛”中，本应荒芜的文坛却长出两朵奇葩，张爱玲和苏青如两颗璀璨的明星照耀于“孤岛”之上，此二姝其人独特，其文奇崛，她们的命运跌宕起伏，折射时代的变迁，这一双女友共同跃上文学之巅，随后的生活又都寂寞凄凉，殊途而同归。其中苏青身后更加寂寂，知晓她的人越来越少，她仿佛笼罩在烟雾之中，在大上海红极一时的女作家、自己创办杂志的女强人渐渐被人遗忘，就是那部曾经连印二十余版的自传小说《结婚十年》，也不若张爱玲的《传奇》经常被人提起。张爱玲曾说过：“低估了苏青文章的价值，就低估了现代的文化水准。”忽视了苏青也就是忽视了那个时期上海的文化，所以我们必须拨云去雾，还苏青的本来面目。

一

宁波，是历史悠久的文化名城，位于浙东，“奇山异水，天下独绝”，“市列珠玑，户盈罗绮”，自古繁华。苏青的故乡就在宁波城西，处处是风景如画的田野，幽静娴雅的村落，小河环绕着这些村落，河上随处架着石桥。

河面平静如镜，浮着“浣锦桥”三字，浣锦桥的不远处就是浣锦村。入村，迎面就是一座大宅院，这里住着曾经显赫的冯家，斗

转星移，旧日的豪华不再，但现在的主人冯止凡是清末举人，在乡里仍颇受敬重，他就是苏青的祖父。苏青 1914 年 5 月 12 日出生于宁波乡间外婆家里，祖父给她取了“和仪”这个名字，取“鸾凤和鸣、有凤来仪”之意。苏青的父亲冯松卿早年即离家外出读书，待苏青呱呱坠地之时，冯松卿获得了公费赴美国留学的机会，进入美国哥伦比亚大学学习银行学。苏青的母亲鲍竹青也是新女性，不愿自己为家庭主妇的身份束缚，丈夫走后，她也进了女子师范，把小苏青留给外婆抚养。

苏青的读书岁月从 6 岁开始，祖父教她读字块，也读《诗经》、《唐诗》，小苏青受到了良好的启蒙教育。但苏青正式步入学堂，却是 8 岁时在上海。1921 年，冯松卿已经回国，凭借学历，他出任了上海一家银行的经理，因为在股票交易中赚了钱，他将妻子、女儿一起接到了上海。这是苏青第一次与上海结缘。

家境宽裕，苏青又聪明伶俐、见多识广，在上海读小学的几年是苏青一生中美好的时光之一。日子一天天过去，家里的气氛却逐渐发生了变化，父亲不大回家，偶然回来，父母之间也很客气，神色冰冷，似乎存在着隔阂。母亲向她哭诉，父亲有了别的女人，以后的日子不会太好了。不久，她的父亲投机失败，银行倒闭，忧急之下，一病身亡。这样的少年岁月对苏青日后的影响是巨大的，若非父亲早亡，家境变化，苏青可能不会那么早结婚。父亲过世后，母亲带着苏青回到浣溪村，此时母亲主持家政，家中因没有了收入来源，生活日趋艰难。当时母亲面临着女儿要进高中，儿子要进初中的境况。两个人的学费、杂费、书籍、文具、膳宿费等等，是一笔不小的开支，母亲为此着实着急。她本来想把祖传的几十亩田卖掉若干，可是又不敢。因为祖父未必同意，她也怕落个不会治家的名声。

正在为难之际，有人给苏青做媒来了。这事的经过，苏青后来

写进了她的自传体小说《歧途佳人》中。苏青初中毕业时，学校开同乐会，她在话剧《孔雀东南飞》里，饰演兰芝，她未来的丈夫李钦后也担任了一个不很重要的角色，但他另外还有一个重要的任务，负责借服装及台上所有的道具，还掏钱弥补演出经费的不足。李钦后的父亲李星如和苏青的母亲鲍竹青都被邀请来观看演出，巧的是一同坐在前排。苏青那天演的凄楚动人，演完后，李钦后父子走到苏青母女面前，称赞苏青演得好，双方由此认识，以后成了通家之好。李家常常请冯家母女去过节或吃年夜饭，她们自然是辞谢的次数多于去的次数。李家又常叫账房先生送东西来，益发使冯家母女心中不安。

不久，李家就让账房上门来做媒。母亲并没有一口回绝，说是考虑考虑。她到底经不起那媒人的劝说，说什么两家联姻后，冯小姐和弟弟的读书就都没有问题了。订婚的一笔聘礼，可以折成现金存放在东家的钱庄里，随时可以取用。母亲终于答应了。但条件是，必须让苏青读完大学才能结婚。

苏青读的高中是浙江省立第四中学，这是宁波一个有名的中学。当时浙江籍名流陈布雷、张其昀、陈果夫常到这所学校来讲学。苏青在高中也是个出名的人物，校刊上发表了她的文艺习作，受到全校的注意。同学们说她是“天才的文艺女神”。1931 年“九·一八”事变，苏青和同学们一起发传单、游行，化装宣传，一切工作做得有声有色，爱国她不落人后。相隔几个月之后，1932 年“一·二八”事变在上海爆发。战火就在毗邻浙江的上海燃烧，莘莘学子的爱国热情非常高涨，有的还自动跑到战地去要求和士兵一起杀敌。苏青当然也不让须眉，产生上前线的念头。她同母亲一说，立刻遭到母亲的斥骂：“这不是你女孩子的事情，你给我好好读书。”“一·二八”淞沪抗战后，当时的政府被迫签订了《淞沪停战协定》，青年们都感到失败的悲哀，苏青便整天埋头读书，不再关心国事。

1933年暑假，苏青高中毕业，是年20岁。1933年秋天，苏青怀着成为女外交官的美丽憧憬和理想，到南京投考中央大学外文系。她非常幸运，竟蟾宫折桂。宁波地区的六个县，只有她一人被录取。大学生活浪漫而有情趣，苏青深深知道读大学的不易，特别是女性读大学更属困难。有这机会她怎能不珍惜呢？进入中大后，面对丰富多彩的世界，在好胜心和求知欲的驱使下，苏青确实狼吞虎咽地读了不少书。除从图书馆借来的书外，还自己买书。只是因为家里穷，能从生活费里节约下来买书的钱实在不多。

可惜的是，她在中大不过一年多，就面临了生命的重大转换，最终中止了大学生活。

㈡

作为新女性的苏青，对自己的人生大事，本不应失去理智的判断，学业未成是万万不能结婚的。可偏偏她只在中大读了一个学期就披上了婚纱。这是迫于封建旧习（她已订婚）和母命难违。1934年初春，李钦后在东吴大学上海分部读法律，他的父亲知道上海这个地方有许多妖妖娆娆的女人，怕儿子着迷，违背原先许下的让苏青读完大学的诺言，提早给儿子完婚。媒人通知了完婚日期。苏青听到消息后，哭闹着不依。“他们怎么能言而无信，我还要读书呢。”

母亲心里也赞同女儿的话，但嘴上说：“你这像什么样子呢？你既然已经许给人家，便是他家的人，说娶就得娶，不然我这做娘的还有脸去见人吗？儿呀，我也后悔这件事，但是现在没有别的办法，好在你同他结婚了，也还是可以继续读书的！”听了母亲的话，苏青觉得可以继续读书，就同意了。于是准备做新娘。

经过中西合璧的婚礼，苏青嫁到了李家，这一段在《结婚十年》中有着生动详尽的描述。花好月圆、百年好合的喜庆中，苏青看出蹊跷来。一位妖娆的少妇多次出现在她眼前。这少妇名叫瑞仙，娘家姓白，是李钦后外婆的长孙媳妇，嫁过来不到两年，她的丈夫就害痨病死了。苏青心里有一个感觉：丈夫和瑞仙大概早已要好了，自己不幸卷入这爱的漩涡里，未来恐怕难有好的结局。

● 苏青作品《结婚十年》

又过了几天后，她去中央大学继续读书，真不想再回婆家了。她的丈夫要去上海继续读书，他读的那个大学靠外婆家很近，又想到瑞仙，苏青心里很难受。

苏青回到南京，正是中央大学新学期开始。这年春天来得早、到得快。不久就是百花争艳、蜂喧蝶闹的日子，她陷入爱的饥渴中却并不放纵，那些英文的、法文的求爱信都被她退掉或撕掉。一段刚刚开始、尚未萌芽的感情被突如其来的小生命打断了。苏青觉得身体不适，有些恶心，到医院检查之后，证实是怀孕了。腹中的胎儿，一天天在长大。虽然穿了新做的宽大衣服，她还感到可能要被别人看出来。她不能不考虑对策。做母亲的天性也自然流露出来，每当她走过百货商店，都不由得会看橱窗里陈列的婴儿服装和玩具。路上碰见年轻夫妇带着孩子，她会站在路边呆呆地看。她想：有一个孩子是多幸福呀！她终于给丈夫李钦后写了信，告诉他他要做爸爸了。李钦后回信要她赶快回家去，到上海时他将去车站接。苏青由此别了南京，别了读书的岁月。

苏青和李钦后双双回到宁波家里。对于她嫁到李家，她的公公是满意的。这次苏青怀孕回来，她公公更是高兴，对她像迎接贵宾。婆婆的高兴也不在话下。公公婆婆都觉得肯定能得个孙子，从此苏青在特殊的照顾下，天天吃的是上好的菜肴。苏青的母亲鲍竹青听说女儿回来了，派人来看她，送来好吃的，就是不敢接她归宁，怕有个闪失动了胎气，担不起这个干系。产期来临，苏青痛苦万分，好不容易安全度过分娩难关，又体会了“人情冷暖，世态炎凉”，只因她生产下一个女儿。回想产前产后，别人对她的态度如此不同，她真是欲哭无泪。难道产女就有罪，如无女的那男的又从何来？她这番感受一直郁结在心里，等待着时间来宣泄。难堪的事还在后头。产后，她的婆婆再没有进过她的房，说是进了“红房”下世有罪过。苏青的奶水很充足，她也深愿得到母亲哺育的婴儿能够幸福。可老公传下话来，不必由她自己喂奶，由奶妈来喂，明年可早些养娃娃。原来她只是生儿子的工具。

她产后一周，丈夫李钦后就回上海了，说学校已经开学。她想到自己不能再回南京，无缘再进中大，更是难受。苏青过着幽闭寂寞的少妇生活，“画檐蛛网，终日惹飞絮”。长日闲暇，这样的日子真不好过。受过高等教育的她，不甘这样生活，找了一位亲戚，谋得一个教职。但是那个小学的校长是个男的，又非常英俊，时间长了，总会引出闲话，苏青教了 100 天的书就又恢复了闲暇的少妇生活。

㊂

夏天到了，李钦后放假回到家中，他对苏青说：“我要带你到上海去了，时时，刻刻，月月，年年，我们永远在一起。”他这样

说，苏青自然高兴，但是公婆的意见又如何呢？一天，她公公突然对儿子说：“你明年快要毕业了，还有两个学期，得好好用功才是，学校里寄宿恐怕太嘈杂吧，我想假如有相当的房子，还是让你媳妇跟你一起去上海住。她可以照应你生活，也可帮你抄抄写写。孙女留在家里，我们会管好的。”接着公公就写信给上海的外婆家，托她们找房子。很快就得到回信，房子已经找到，在北四川路底，靠李钦后的学校很近。去上海组织小家庭就成了事实。要带到上海去的东西，前前后后准备了近一个月。料理妥当也就到了动身的日子。她去向母亲辞行，母亲一番叮嘱之后就伤感起来。她再三劝慰母亲，说可以常常回来，上海到宁波的交通很方便的。

走的那天，她母亲又赶来相送。她婆婆担心苏青不能管家，听说上海雇佣人不容易，还容易出乱子。母亲临时决定，让家里的林妈跟着去上海。母亲为女儿想得真是无微不至。苏青夫妇与林妈一行三人，终于上了船。船开航后，苏青的心情又矛盾起来。离别自己的女儿、告别母亲、抛弃家中一切心爱的物件，跟着一个生疏的丈夫到上海，前途真是茫茫。

1935 年秋天，苏青和李钦后的新巢筑于上海。一位幽居深闺的少妇走出了宁波，踏上了上海这个可以施展才华的土地，她此后的一生，悲欢离合都在上海上演。

苏青离开宁波时，想象中的小家庭很美，平日卿卿我我，互诉衷肠，暇时双双牵手逛商店，游公园，潇洒又自由。现实却并非这样。

他们到上海后不久，大学就开课了，李钦后回校读书，他读的是法律，每天晚上 6 时到 9 时上课。白天他在一个中学里教书，薪金虽不多，课务却不轻，来去匆匆，在家里的时间不多。两人说话时间都很少。他们初到上海，一间窄窄的房子，放了两张钢丝床，一张写字台，两个背靠椅，一个书架。后面还要隔出一床之地，给

林妈住。活动的空间仅此而已。苏青在上海举目无亲，也就无人往来。闲得发慌，除了偶然到四马路各个书店去翻翻杂志画报，平日总是足不出户。书看累了，就在房里踱步，她对房间的熟悉程度远远超过了房东。墙上有多少黑点，她一清二楚，因为她曾认真地数过。

● 李伟作品《乱世佳人：苏青》

半个月后，苏青终于找到了一个有趣的消遣办法。有一次偶然在旧书架上找到一本《The Best One-Act Plays》（英文：独幕剧），她在中学里演过几次话剧，戏剧也是她的爱好。于是一个人演起独角戏来。她把全文看熟后，就模拟剧中的不同人物，用不同的声音说对白，自己和自己对话，然后自己又当导演和剧评家。每当进入剧情的高潮，自己禁不住笑起来。这样过了一月有余，她已熟读五六个剧本，也演了五六出独角戏。

日子这样一天天过去，他们也搬了几次家，然后困扰他们的家事出现了，一个家庭开门柴米油盐酱醋茶七件事，哪一件都少不了钱。李钦后觉得自己是结了婚的人，不能总是向家里要钱，但教书的薪金不高，苏青又没有出去做事，这就成了两人之间冲突的导火索。终于有一天，因为买米钱的事情，两人吵得厉害，李钦后就手给了苏青一巴掌，苏青不禁呜咽痛哭，眼泪像断线的珠子止不住地流。她越是想起因自己的无知与软弱而接受的这场错误的婚姻，越哭得厉害。虽然后来夫妻重归于好，但裂痕总是难以弥合。

从这次夫妻争吵中，苏青得来的教训是，我要有职业，我也可以挣钱。她要使李钦后知道她不是无能之辈。一旦决定后，她就积

极行动起来。《新闻报》的聘请广告很多，她常常看，然后按地址寄出一些自我推荐信，有的还附她的作文、工笔写的小楷，结果都如石沉大海，杳无音信。这使她茶饭不思，天天盼望邮差到来。

她也曾想过找个英国女教师练习英文会话，她的英文本来不差，如口语练熟了，自然谋职就容易多了。可是找了几个都因为学费太贵，每天的小菜钱都怕向丈夫开口，再提出个学费岂不自讨没趣。只好作罢。

她本来喜爱看书的，这时看书的兴趣更浓。她常常翻看丈夫的法律及社会科学书籍，摘抄精彩的部分，准备写洋洋万言的论文。此举给林妈看到了。一次，林妈当着李钦后的面奉承她，说小姐怎样用功，是女状元，只要姑爷一出去，就看书，她不打牌，又不看戏，什么玩的都不爱。这可坏了，李钦后一听沉下脸说："怪不得叫你改考卷，你改了多天还没有改好，你在忙着研究学问。不过，女状元，我警告你，以后请别翻我的书橱，我最恨人家乱动我的东西。"他害怕妻子超过他，竟然把书橱锁了起来。

苏青并不知难而退，她还在积极寻找谋生之道。一天，她忽然脑袋一拍，责怪自己糊涂，何必写些不需要的论文，写自己所思所感的文章不是更好么。这样的文章费时不多，一篇失败了就再来一篇。何况几个月前就在一家杂志上发表过一篇文章。

一个人的成功，常常在偶然之间。"孤岛"文坛后来出现的成功作家苏青就缘于她当时的一转念。而和她最早结缘的是《论语》杂志。1935 年是散文杂志趋于高潮的一年。当时上海滩上的散文杂志有：《论语》、《人间世》、《宇宙风》、《文饭小品》、《太白》、《芒种》、《逸经》等等。其中《论语》出得早，影响也大。

这时苏青正由于生了女儿受到不公平待遇而愤懑，于是她写了篇《产女》寄到《论语》。稿件到了陶亢德手里，陶是自学成材，

对自发来稿并不轻视，读后感到这位作者颇有一股英锐之气，也就把题目《产女》改为《生男与育女》，发表在 1935 年 6 月 16 日《论语》第 67 期上。这是苏青的处女作，一股郁勃之气溢于纸上。大概因为苏青这篇文章讽刺的是重男轻女的思想，发表了也未声张，怕引起公公的不快。

● 苏青

在她谋职不成时，这才想起了写文章。于是她又写了篇《我的女友们》，仍然寄到《论语》去。她以女子的身份现身说法，提出了颇为惊人的观点：女子是不够朋友的。距离第一篇文章的发表，相距只有两个月。编辑陶亢德很快就通知她，决定采用。不久后，果真在 1935 年 8 月 16 日《论语》第 70 期上发表出来。过了十天左右，她又拿到五元钱稿费，还意外地收到了朋友徐讦的信，说他在筹备另一个杂志，叫她写稿。

从此，她一发而不可收，源源不断地写稿。文坛的大门为她打开。

四

1937 年，中国的时局动荡不安，抗日战争全面爆发，对于苏青来说，日子同样艰难。自大女儿薇薇出生之后，苏青又在 1936 年产下次女，婆家的人更不高兴了，现在苏青又第三次怀孕，等待

她的将是什么呢？此时丈夫李钦后已从大学毕业，公公寄来3000元钱来，让李钦后买房置衣，还有苏青就要生产，给她买营养品吃，因为这次算过命，一准是个儿子。就在“八·一三”上海抗战的隆隆炮声中，苏青生下了第三个女儿。战争烽火中产下的女儿，命运可想而知。产后的翌日，一架中国飞机，空袭停泊在黄浦江苏州河口的日本海军指挥舰“出云号”时，不幸瞄准器失灵，千磅重的炸弹落在“大世界”门口，死了1000多人，残肢碎骨堆起了一丈多高。战神的祭礼惊心动魄。在这样的情况下，苏青要求出院。

宁波来了电报，她公公要儿子回宁波去，至于刚生女儿的媳妇则只字未提，显明是要把她抛在战火中。情况一天紧似一天，上海去宁波的火车、轮船都已没有定期。大小五个人要结伴同行，显然不容易，何况五个人中还有没有满月的产妇和婴儿。在一天里接到宁波几个电报的情况下，李钦后带着胞弟李钦若离开了上海，撇下了苏青母女和女佣。吉人天相，产后第九天的苏青幸而挤上了去宁波的难民船。船上已无容足之地，在煤舱里才从人堆中挤出一块坐下的地方。她那刚生的孩子，已是奄奄一息。苏青深深叹息着：宁作太平犬，不作乱离人。九死一生中，苏青回到了宁波，宁波也遭受了日寇的轰炸，全家又避到乡间去。出生得不是时候的三女儿，受到了家里人的厌恶。这幼小的生命备受折磨，最终死去。

1937年11月，由于日寇绕到中国军队的后方，偷偷从金山卫登陆，中国军队腹背受敌，终于撤出了上海。日本人在占领中国地界后，上海的租界成了孤岛。战争既然远离上海，保持中立的租界也就平静繁荣起来。此时李钦后回到了上海，他写信要苏青再到上海来。她初回上海，经过一段艰苦日子，随着李钦后在一家洋行找到工作，经济条件宽裕得多，夫妻之间也平静了，很少摩擦。到1938年春天，日寇已经全部占领京沪沿线的各个城市，别的城市都有人迁到上海。孤岛也畸形繁荣起来。

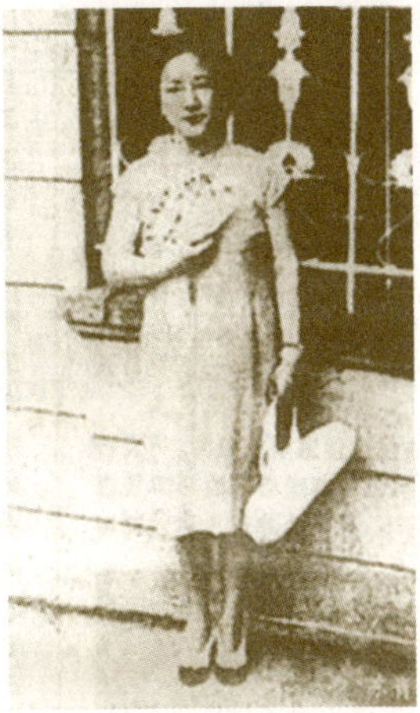

● 苏青生活照

李钦后这时自己挂牌当起了律师，1939 年中秋节，苏青全家搬到拉斐德路（今复兴中路）附近的新房子中，与徐讦做了近邻。李钦后新开张的律师事务所初期生意清淡，后来生意一天天兴隆起来。事务所也不再与家联在一起，在九江路的沙逊大厦租了三间房子，作事务所之用，很有一点气派。生活逐渐宽裕，家里物资不虞匮乏。这是苏青自 1934 年结婚以来的一段黄金时期。物质上富足，精神上也不寂寞。家里有小叔李钦若陪伴她，两人谈得很融洽。徐訏和赵琏夫妇也对她很亲近，但是赵琏经常诉说心中烦恼——她不满意徐讦。李钦后和苏青也经常邀请赵琏来家中玩，特别是苏青又有了第四个女儿，长得非常可爱像个洋娃娃，赵琏便常常打扮得花枝招展，带着也打扮了的女儿来玩。一来一往中，李钦后和赵琏互生好感。徐、赵之间的婚变暗潮在滋生着。徐讦的经济状况越来越差，夫妻间多次口角。人们常说，不幸福的家庭各有各的不同，其实也常常相似，贫贱夫妻百事哀，为生活琐事产生矛盾。

1941 年底，苏青家里也发生了重大变故。这年 12 月 8 日，日军偷袭珍珠港，太平洋战争爆发。上海的日军攻进租界，一切都变了。李钦后的律师事务所关门歇业。李钦后不当律师，只能办些非诉讼案件，收入锐减。这时宁波老家的公公、婆婆还有小姑夫妇都来上海，依靠李钦后生活。收入减了，支出增加，生活一落千丈。李钦后常借酒消愁，夫妻间重起干戈。公婆他们又回宁波去了，李钦后常常深夜不归。苏青又怀孕了，生计更艰难。邻居告诉苏青李

钦后常在舞场和一个女的热络地谈心，这个女的生得很漂亮，她不是别人，正是赵琏，苏青气得晕过去。事情果然得到了证实，从李钦后的大衣口袋里发现了赵琏的照片。

1942 年，徐訏与赵琏离婚，离开上海去了重庆大后方。这时赵琏自己上门来见苏青，她形容憔悴，半晌不说一句话，苏青也不提此事。赵琏再也忍不住，流着眼泪说：“我一时错了主意，已经有了李钦后的孩子，两个月了……”事情发展到这一步，苏青提出离婚，李钦后却不同意，他不愿失去孩子和爱人。赵琏听到后，羞愧地走了，不久悄然离开上海。

㊄

从 1935 年到 1942 年间，苏青的名字已经引起了上海文坛的注意。苏青在《论语》发表了两篇文章之后，当时的编务陶亢德交卸了职，与林语堂合办了一个新的刊物，取名为《宇宙风》，提倡性灵、闲适的风格。1935 年 9 月 16 日《宇宙风》的创刊号发表了苏青的《科学育儿经验谈》，此后她的文章经常出现在《宇宙风》上，林语堂也多次在苏青的文章后加上一些既幽默又妙趣横生的“语堂批案”。这样，女作者苏青的散文，颇引起人们的关注。北方的“苦茶庵”主人周作人，就是关注人之一。

不过从 1935 年到 1937 年，苏青的投稿全是消遣性质。她的写作仅限于记述“有闲”时的“感触”。三年里发表了 13 篇，从 1937 年《算学》一文开始，她正式改用“苏青”这个名字，此后一直沿用，并和张爱玲这个名字，一同照耀着沦陷后的上海文坛。

1941 年，日军一占领上海，立即开始了文化扫荡。上海著名

的商务、中华、世界、开明、大东等五大书店，还有生活、良友、兄弟图书公司、光明书店等全部被查封。日寇的魔爪又伸向了报纸和杂志。许多刊物都销声匿迹，大部分进步作家都离开了上海，还有一些进步作家被日本宪兵队逮捕。上海文坛一派萧条，正像电影放映中断后的一片空白。此时，有一种人，以"官准立案"为幌子，办起了所谓远离政治、温情脉脉的文学刊物。最有代表性又最早问世的刊物是《古今》，于 1942 年 3 月在上海创刊，创办人是汪伪政府交通部政务次长朱朴。在敌人严密控制文化的情况下，人们对文学的爱好与要求却愈见热切。因为沦陷区的人民，在别的方面减少了活动与发言的机会，所以不得不从文艺领域寻觅精神慰藉。《古今》创刊号出版三天即售罄，以后各期都供不应求。在以男性为主体的社会里，即使是在报刊上发表文章，也是以男人居多。可是在 1942 年沦陷后的上海，男性主流文化在大批文化人离开上海之后，出现了废退、消失的缝隙，在男权被削弱的同时，苏青、张爱玲这样的才女有了施展才干的广阔空间。

有人说，苏青的成名是由《古今》捧出来的。苏青在《古今》上发表的第一篇文章是《论离婚》，发表于 1942 年 10 月 16 日第 9 期上，文章写得俏皮可爱，谈道理入情入理，而且为男女两方面着想。这时候，李钦后不当律师了，家庭生活十分困难，苏青只能以稿费维持生活。"日间我带领两个孩子，晚上写文章，稿费千字二三十元不等的，我常常独坐在电灯下直写到午夜。暑天的夜里是闷热的，我流着汗，一面写文章一面还替孩子们轻轻打扇，不然他们就会从睡梦中醒来，打断我的思绪，而且等写完快要到五更了。"写作的艰苦由此可见。

《古今》喜欢苏青的作品，她也愿意给《古今》写。苏青写了不少篇，直到她后来创办了自己的刊物，她的文章愈发表愈多，苏

青的文名在上海传扬开来，她下了决心当职业文人。

● 苏青作品《饮食男女》

写作辛劳，苏青得了肺结核，这对她来说无异于晴天霹雳，幸而她认识一位叫苏曾祥的医学女博士，两人关系一向很好，给她介绍了医生，免费给她打一年的空气针。吉人天相，她的肺病渐渐好起来。在病中，苏青也未放弃写作，一家五口要生活的。苏青的公公这时去世了，李钦后经常离家不归，苏青提出离婚，但李钦后不同意，于是两人分居。

一个出走的女人要向何处去呢？她需要安定的职业，但日寇统治上海的时期，政府机关要么是汪伪政府的，要么是日寇的，她对经商也不熟悉，年近三十，又先后生了5个孩子，没有楚楚丰姿。到底何处是栖身之所呢？她找到陶亢德帮忙，有机会认识了周佛海和周的妻子杨淑慧，这让她有个意外的收获，她见到了汪伪二号人物陈公博，陈公博请她做市府专员，苏青答应了。同时又发生了一件事，有人赠与她10万元支票，并未署陈公博的名字，苏青本想亲自送还，但想到自己寄人篱下的苦境，想到自己无处栖身，想到孩子……她想留下支票，但后来又送到陈公馆，可正值戒严，她只好收下了这张支票。她用了一部分钱改善自己的境遇，受陈公博的资助，苏青事后并未讳言，但她在伪上海市政府担任专员的经历，却忌讳对外人说。苏青为官三月，毕竟是白璧微瑕，成为人生的遗憾。

苏青终究还是无意于做官，她还是热衷于做个职业文人，虽然苏青在文坛已经很有名了，但是在投稿过程中也有过一些不愉快，有的文章她觉得很满意，却未被编辑相中，或者只排在不重要的位置。为此，她心中郁郁不乐，滋生出一个大胆的计划。她深深知道做一个文学杂志的支配人——掌握出版和发行权力的重要性，也就是自己办个刊物，实现做编辑的夙愿。苏青毕竟是宁波出生的银行家的女儿，有着家传的经营头脑，自办刊物的想法一旦形成就真正行动起来。尽管她也考虑到会有不少困难，房子、经费、稿源、印刷等等，更重要的是这时环境恶劣，但只能办起来再说。苏青要办个名副其实的由女性支配的刊物，消息在朋友中传了开去，反响还不错。至于经费，由于陈公博那笔款还有一部分，周佛海的妻子也鼎力支持，因此并未成为苏青办刊物的阻碍。

房子则在爱多亚路（今延安东路）160 号 601 室找定。

苏青给刊物取名为《天地》，取谈天说地，可无所不包，无所不容之意。接下来就是征稿，靠着几个朋友提供的一份详细名单，差不多把当时上海的一些经常发表文章的人都网罗进来。只是不知道这些作者是否肯为她而写，所以苏青亲笔写了征稿信，令她喜出望外的是，回信很多。周佛海的夫人杨淑慧也撰文一篇准备发在创刊号上，苏青特意登门道谢。稿件全部排好之后，送到了印刷厂，封面也已设计完成，万事俱备就只等出刊发行。

1943 年 10 月 10 日，苏青一手准备的刊物——《天地》，在沦陷区的上海文坛上诞生，这是中国历史上唯一一个名副其实由女性支配的媒体，大家的反响十分热烈。《天地》的门敞得很开，兼收并蓄，无所不容。在苏青提倡女子写作的推动下，女性文学成为当时上海文坛的一大特色。在这特殊的历史年代，女性浮出了历史的地表，她们以反省过去女人的生活方式为出发点，开始讲述自己

的故事，探索生存的道路。

从《天地》第2期开始，有两位人物一同走入读者的视野之中。这一男一女，后来都成了苏青的朋友，特别是这位女作者成了苏青的知己，他们就是胡兰成和张爱玲。张爱玲给《天地》增添了光彩，提高了刊物的知名度，从此，几乎每一期《天地》都有张爱玲的文章。上海多位文人都支持这个新生的刊物，在艰难的条件下，苏青坚持着办下去，她从提高质量入手，使读者不吃亏，“知其不可为而为之”。苏青名声大震，红遍了上海滩。她一个人办着一个杂志，集策划、编务、发行于一身，已是够忙了，但她并没有放下自己的笔，依然写着小说，写着散文，而成绩又是那么可观。

1944年，苏青第一本散文集《浣锦集》问世，收编了她8年来所写的散文，共53篇，20余万字，都是她所深爱的。此书两个多月就出了第4版，不到一年就印到了第7版，使人惊异。《浣锦集》畅销之势还没有减，苏青又把在《风雨谈》上连载的小说《结婚十年》，出版单行本。《结婚十年》问世后，创下了惊人的纪录，从1944年到1948年再版了18次。在这样“日理万机”中，苏青还有精力创办了一个姊妹刊《小天地》，与周文玑女士合办刊物《山海经》，期间，交际应酬也是免不了的。

在苏青事业得意之时，有一件事情特别让她开心，她这时和丈夫分居一年了，一直等着事情的结局，她现在有了自己的事业，景况比丈夫李钦后好很多。在分居的日子里，她以为丈夫李钦后会自动来找她，缓和夫妻关系，但心高气傲的李钦后没有这样，就走到了必须离婚这一步。她和李钦后见了面，表示要尽早结束分居的局面，李钦后答应了。于是二人协商离婚，孩子归李钦后抚养。苏青摆脱了婚姻的枷锁，既高兴又沮丧，10年青春岁月宛如一场梦。

是战时的上海，造就了苏青，她的文学根植于上海这片土地，

她的文字并不高深，也不卖弄技巧，她有的是深厚的心和一片热情。苏青对于男女之间的关系理解得十分深刻，看似琐碎，其实是每个人都可能遇到的。胡兰成曾经在《谈谈苏青》一文中说：“《浣锦集》是五四以来写妇女生活最好也最完整的散文，那么理性，而又那么真实。”是的，苏青的理性与真实来源于她对生活的感悟，那些都是她切身遇到的，也是大多数女人所遇到的，苏青比一般人多那么一点点智慧，上海也就多了一个女作家。苏青的理性也是典型的宁波人的精明，所以苏青务实，她可以一手创办女性刊物，这在今天都未必能够轻易实现，她没有不切实际的幻想，她从生活中走出来，一直在生活的圈子中打转，她是世俗的。苏青为出走的娜拉提供了一个最好的注脚，在一个特殊的时期，她实现了一个女性所能达到的高度。

丁玲之浪漫

将爱情当作革命事业来做

大上海，是中国现代最摩登的一座城市。上个世纪三十年代，这里上演了一幕又一幕现代中国最浪漫的爱情故事；同时，上海又是一座最革命的城市，中国现代最激进的一个文学社团左联就是在这里成立的。这十里洋场既是革命文学的发祥地，又是旧派文人的大本营，三十年代的上海文坛一派熙熙攘攘的景象。在好戏连台的上海滩，有一颗明星非常耀眼，那就是女作家丁玲。丁玲不仅是现代文学史上一个著名的革命作家，还是一个浪漫的爱情故事的主角，更有意思的是，她是将爱情当作革命事业来做的。所以，她在上海滩的故事也就有了更丰富更深刻的内涵。

㈠

1904年，一个女婴诞生在湖南临澧县一个姓蒋的破落大家庭里，她就是后来杰出的女作家丁玲。丁玲四岁的时候，不务正业的父亲坐吃山空，挥霍光了家财，潇洒地离开了尘世。母亲被迫带着两个孩子投奔外婆。舅舅的儿子成了年幼的丁玲最亲密的玩伴，外婆看着他们两小无猜的样子，就说：“长大了就让他们亲上加亲吧。”一言九鼎，两个懵懂无知的小孩子就这样被订了“终身”。

丁玲逐渐长大了，寄人篱下的滋味让她感到很凄酸，这使她看起来显得非常忧郁。同时，她也在为与表哥的婚事而烦恼，随着年岁的增长，丁玲越来越不喜欢她的表哥，定亲之事就像一根刺一样扎在她的心上。但如果得罪了舅舅，她们母女就没有了生活来源。

五四运动爆发时，丁玲正在湖南省立第二女子师范念书，自由和解放的精神深深融入了她的灵魂，反抗的意识渐渐成长。1921

年隆冬，　17 岁的丁玲见到了从上海回来的王剑虹，她们一见如故，畅谈人生。一起上街游行、演讲，还剪下了辫子。为此，她和舅舅、舅母之间发生了严重的冲突。少年的丁玲有着无穷的勇气，她写了一篇不指名的文章，发表在常德的《民国日报》上，把舅舅写成了一个无恶不作的封建豪绅恶霸。

● 1919 年丁玲摄于湖南常德

王剑虹常常给丁玲讲大上海的“革命形势”。大上海有一个由陈独秀、李达等创办的半工半读的平民女校。女校的学生大都是一些叛逆的青年女性，她们从大家庭里跑出来，抛弃了深闺小姐的生活，到大都市内寻求她们的理想。丁玲的心被说动了，她准备和王剑虹一起去上海。这遭到了舅舅的粗暴干涉，他要求丁玲再过半年毕业后与表哥结婚，于是一场家庭纠纷闹起来了。在母亲的支持下，18 岁的丁玲解除了与表哥的婚约，放弃即将获得的中学文凭，与王剑虹一同奔赴上海。这是在 1922 年的春天。

她把名字改为冰之，用废姓来表示对传统意识的蔑视。但现实和理想之间往往有一段距离，很快，丁玲对平民女校也感到失望了，半年后便离开了学校，和王剑虹漂泊到了南京。第二年，从苏联回国不久，后来成为王剑虹丈夫的瞿秋白出现在她们的生活里。在瞿秋白的劝说下，1923 年夏天，她们又回到上海大学去读书。

丁玲在上海大学时，给人的感觉是有些傲气。那时候，在上海，学校里收女生还是一个新事物。上海大学的学生差不多算是进步青年了，但在男女同学之间，还多少有些不自在。这个时候，人们充分领略了丁玲的傲气。有一次，同班的戴望舒有事要通知女同学，冒冒失失地闯进女生宿舍，坐在一位女生的床上，也看不出那位女生的脸色。他走后，那位女生把床上的被褥全部换掉。这个女生就是丁玲。

丁玲自负是一个彻底解放了的女青年，她对身边那些上海青年是瞧不起的，渴望到知识青年心目中的圣地北京大学学习。1924年暑假后，她离开上海到了北京，因为北京的“思想好”。

到北京后，丁玲与朋友一起住在西城辟才胡同的一个补习学校里，准备投考美术学校，但最终没有成功，她就搬到西城通丰公寓的一个小房间里住下。后来又准备到法国寻找职业，由于母亲和朋友都持反对态度，也未成行。这个时候，好友王剑虹也在上海因病去世了，丁玲想起几年来飘飘荡荡的生活，常常一人独自痛哭。

就在此时，一个极富热情正做着文学之梦的流浪青年正在向她走近，他就是胡也频。当时丁玲的女友正在恋爱，丁玲常随她一起到男友住的公寓里去。在那里，她认识了胡也频。

胡也频比丁玲小一岁，算是一个小弟弟。当他得知丁玲正经历着失弟之痛后，就用一个纸盒装满一大把黄色的玫瑰，并在花下写了一个小小的字条：“你一个新的弟弟所献”，托人送给了丁玲。当时，处在失望和苦恼中的丁玲并没有接受这份爱情，就在这繁花似锦的春天，她离开北京，回到常德母亲的膝下。

常德，一个寂寞而又温馨的夏日。一天，家居的丁玲突然听见大门咣咣地响，便与母亲一起去开门。门外站着一个身穿白长衫的青年，他蓬头垢面，犹如一个乞丐。原来，胡也频居然借钱追到湖南，这个青年除一套随身换洗裤褂外竟孑然一身，就连乘车而来的人力车费也

是丁玲代为付给的。原来胡也频送去花束之后没有得到回音，就陷入了烦躁和痛苦之中。当他得知丁玲不辞而别，南下常德的消息后，就再也按捺不住，不顾一切，星夜兼程，风尘仆仆地一路追随而来。

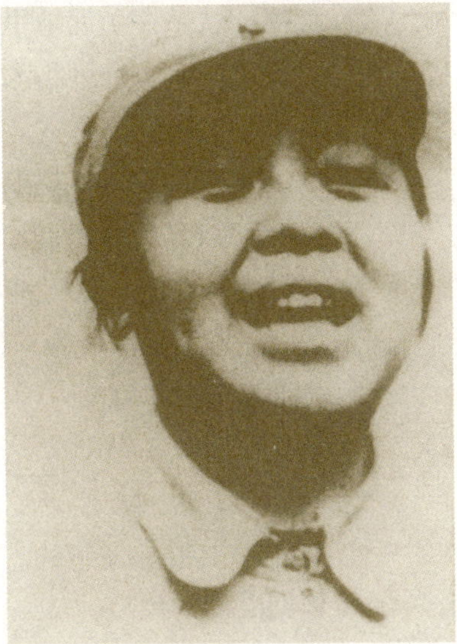

● 1938 年丁玲摄于延安

丁玲母女热情地接待了这位勇敢、热烈而执拗的青年。这时，丁玲才了解到胡也频苦难的家世和一个漂泊者的痛苦经历。湘西僻远的常德、空旷静寂的庙宇，消了都市的烦闷和喧嚣，成了这两个漂泊青年的栖息之地。共同的理想追求、对社会的鄙视，共同的漂泊异地的感怀，使两颗心渐渐地融化在一起。丁玲紧闭的爱情大门终于被打开。

但常德，只是他们暂避风浪的港湾，他们仍要飞向社会，走向洪涛阵阵的人生旋流去搏击奋斗。这样，在 1925 年中秋，红叶飘摇的季节里，北京香山碧云寺下又重见丁玲与胡也频相依相随的身影。丁玲和胡也频都是经过“五四”洗礼的青年，虽然生活清苦，但爱情则不乏浪漫的诗意。由于二人不善理财，常常有断粮绝用的时日，这时，就由一人或二人一起用散步的方式到城中典当一些衣物以解燃眉之急。有时两人下山虽是为筹措伙食，却常常走到半路忘了这件事，因为关心泉水与天上的白云，在路上一坐常常就是几个小时。有一次，黄昏上山，因为眷恋天上新月的美丽，两人竟在玉泉山小河边坐到半夜。他们在山上住着，有时候要到城里买东西，胡也频一个人下山，丁玲不放心，就追下山跟着胡也频一块去。一次他们回来的时候，经过一个淤泥地，走进淤泥地就出不来了。于是他们就站在淤泥地里看天上的星星，说说悄悄话，直到过了好长一段时间，一个过路人才把他们给拉了出来。生活简单而又纯真，就像小孩子们过家家，虽然贫寒却过得十分温馨。

要爱，首先必须生活。当感情的波涛平息之后，面对的仍然是一个沉闷窒息的北京古城和柴米油盐的人生。此时，胡也频的作品通过沈从文的介绍已能常在报刊上发表。靠着对文学的执着勤奋努力，胡也频很快成为一位小有名气的文学青年。丁玲除了每日三餐，盐油米柴的准备外，还有几部翻译小说也构成她生活的一部分。但是，稿费收入很微薄，两人在清贫窘困中数度着光阴。

“五四”女性对爱情的理想色彩的精神追求和浪漫情怀是我们今天的人很难理解的。丁玲后来回忆说：当1925年暑假，胡也频到湖南的时候，热爱一个人自由生活的丁玲对恋爱还毫无准备，也不愿用结婚羁绊自己。但那时为环境所限，只得和胡也频做伴回北平。本拟到北平后即分手，但却遭到友人误解，有人在说闲话。性格倔强的丁玲“一生气，就说同居就同居吧，我们很能互相谅解和体贴，却实在没有发生夫妻关系。我那时就是那样认识的。我们彼此没有义务，完全可以自由。但事实慢慢变得似乎仍然应该要负一些道义上的责任。我后来认为那种想法是空想，不能单凭主观，1928年就决定和也频白首终身，断绝了保持自由的幻想。”丁玲这样说，我们相信她的话是真的。但这话里也未尝没有别的意思，她可能是在向另一个人表白自己的纯洁。这“另一个人”就

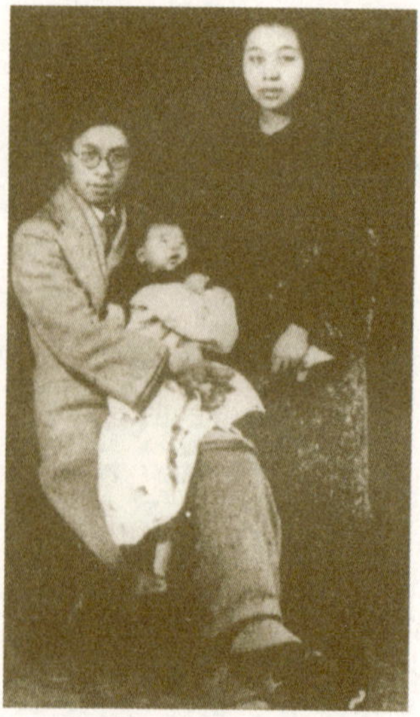

● 1930年丁玲与胡也频携幼子摄于上海

是二十年代初即誉享文坛的“湖畔”诗人冯雪峰。

㈡

丁玲和胡也频的文章渐渐有了较多的出路，稿费收入比以前增多。两人打算攒点钱后到日本求学。通过好友的介绍，冯雪峰来到他们居住的公寓教丁玲日文。冯雪峰当时正在北大自修日语。

丁玲第一次见到冯雪峰的时候，感觉非常失望，她本来认为一个北大学子应该是很英俊潇洒的，而他看上去像一个乡下人。然而，很快冯雪峰就以其出众的才华，独特的气质深深地吸引了丁玲。他将外面的大千世界讲给丁玲听，使正处在苦闷彷徨中的丁玲感到一股清新的气息。他们并没有学习日语，而是畅谈国事、文学和两人都容易感受到的一些寂寞的情怀，师生关系无意中就改变了。于是在与胡也频相爱的同时，丁玲又爱上了文学天才冯雪峰。丁玲后来承认，在她的一生中，冯雪峰是她第一次看上的人。“从我的心上，在过去的历史中，我真正地只追过一个男人，只有这个男人燃烧过我的心，使我起过一些狂炽（注意并不是那么机械的可怕的说法）的欲念。”

丁玲在两个男人之间左右为难，她不想伤害胡也频，也离不开冯雪峰。也就在这个时候，她开始写《莎菲女士的日记》。

这是一本日记体小说，描写“五四”运动几年后北京城里几个青年的生活。女主角莎菲孤身在外，在公寓里生活穷困潦倒，身患肺病，严重失眠。她有着比较解放的观念，想追求浪漫的爱情。好友苇弟老实厚道，对她体贴入微，但不了解她的心，只会哭哭啼啼地哀求。莎菲对他同情、感激，但讨厌他的怯懦，没有真正的爱情。来自新加坡的美男子凌吉士使莎菲倾倒，但不久莎菲看出他是一个

自私自利的小人。这使莎菲极度悔恨，几度周折之后，莎菲终于冲破内心的矛盾，一脚踢开了他。小说结尾，莎菲顾影自怜地说：“悄悄地活下去，悄悄地死去，啊！我可怜你，莎菲！”

丁玲当然不承认自己就是莎菲，但我们很容易就能看出这个三角恋爱的故事原型。也许，丁玲为了避嫌，故意让那位使自己倾心的男子成为一个伪君子。这只是小说技巧上的事，并不复杂。

冯雪峰当时在北京从事地下活动，受到政府的通缉，他本想离开北京到上海去，但认识丁玲之后，他又不想走了。丁玲为了他的安全起见，劝他还是去上海好。不久，冯雪峰独自回到上海。

冯雪峰的离开并不是问题的结束。《莎菲女士的日记》就在这个时候发表了，一下子震惊了当时的文坛。人们纷纷打听这个大胆的、才华横溢的丁玲是谁。冯雪峰在《小说月报》上也看到这篇小说，立即给丁玲写了一封长信。

丁玲收到信后，自然又是一番激动。这种非同寻常的关系，让胡也频感到不能接受。于是小夫妻之间的争吵便不可避免了。当时沈从文和他们同住在一起，没少做调解劝架的事情。当然，也记下了他们当时吵架的一些情景：

“我知道你不爱我，已爱了别人。”

“你不爱我你才那么不信任我。”

“就因为太信任你，你就去会他。”

“你那么多疑自私，还说在爱我！”

“我信任你，你就成天到他住处去。”

“是的，我就是去他那里。我爱他，我讨厌你。”

“我早就知道你是……”

吵架的第二天，丁玲追着找冯雪峰去了。接着，胡也频也追了过去。到上海之前，冯雪峰就告诉丁玲，上海有许多人在打听她。丁

玲怕他们对自己的小说说三道四，一听就烦，不愿住在上海，想到杭州去。于是，三个人在上海只过了两天时间，就决定一同到杭州那美丽的西湖去。他们真的在西湖边共同相处了一些日子，这是一个非常复杂而又难堪的局面。不知胡也频出于什么心理，他竟能亲自陪着妻子去和情敌相聚。想来大多是无奈吧，要不就是因为他的大度与坦诚——他想找个地方，三个人坐下来，好好谈谈，说不定这样能解决问题。

● 1949 年 9 月丁玲参加第一届中国人民政治协商会议第一次会议时与宋庆龄、邓颖超、蔡畅、何香凝等合影

结果六天之后，胡也频坚持不住，一个人返回上海，找到了在那里的沈从文。沈从文问：“咦，怎么一个人回来了，还有一个人呢？”胡也频说：“你别管她。”“怎么回事？我还以为两个人在杭州一定会玩得很开心呢。”胡也频阴郁地说：“不是两个人，冯雪峰也在那里。”沈从文大吃一惊，问明原委，于是又劝了他一夜，告诉他夫妻之间应该怎么相处。于是，胡也频第二天又顺着来时的铁路回到了杭州。

胡也频赌气走之后，丁玲从头脑发热中冷静下来。虽然她深深地爱着冯雪峰，但她和胡也频也同居了好长时间，彼此有一种坚固

的感情的联系。如果离开他，他会自杀的。于是丁玲对冯雪峰说：“虽然我们不能共同生活，我们的心是分不开的 ；世界上只有一个是我所爱的，无论他离开多远，这个事实可永远不会改变。”丁玲强忍着拒绝和冯雪峰再见面，退回了他全部的信，心如刀绞地看着冯雪峰离开杭州，与胡也频和好如初了。

风波平息之后，丁玲与胡也频回到上海。不久即与沈从文一起在萨波塞路 204 号创办红黑出版社，编辑出版文艺期刊，期望以文学的业绩构筑理想生活的大厦。但红黑出版社后来倒闭，他们欠下不少债，为了还债，不得不变卖家具、典当衣物，改换低一等的住房。后经陆侃如、冯沅君夫妇的介绍，胡也频于次年春离开上海赴山东教书。他们约好，一个人在济南教书，一个人在上海写作。然而分离却让年轻的妻子安不下心来，两个人鸿雁传情不断。当时远在湖南的母亲也不同意两人分离，丁玲遂于一个月后也赴山东。谁料想由于胡也频在济南高中宣传革命思想，被山东省当局通缉，不久他们又被迫绕道青岛回到上海。

当时，上海左翼文学运动正如火如荼，两个人的思想逐渐左倾。这年 5 月份，他们加入了中国左翼作家联盟。胡也频把精力主要用在革命活动上，他的政治活动日益频繁，党组会有时就在他们家里召开。胡也频交了许多工人朋友，丁玲记得一个工人来过他们家，像熟人一样，他教她唱《国际歌》。丁玲感到从未有过的新鲜。有时候他们身无分文，两人只能共吃一客包饭，但精神上却比以往任何时候更充实、也更乐观。1930 年 11 月，丁玲为胡也频生下一个男孩，胡也频当时激动地哭了，可是他没有时间陪年轻的妻子和孩子，他又开会去了。

丁玲从小就是以革命女性自许的，可以说她的恋爱就是她革命观念的一个实践。但革命带给她的还不仅仅是恋爱自由的权利，她很快就发现，革命和恋爱并不总是可以和平共处的。

1931 年 1 月 17 日早晨，胡也频穿上长袍，告诉丁玲，他要去开左联执委会。但一直到中午，他没有回来；天黑后，外面刮起风来，他还没有回来。

丁玲感到什么事情发生了。

果然，胡也频和柔石等五名左联文学青年被当局逮捕了。丁玲四处奔波，组织朋友多方营救，但毫无结果，一条条生路都慢慢断了。探监的日子到了，她在沈从文的陪同下去狱中看望胡也频。她

● 1950 年 1 月丁玲与母亲余曼贞、爱人陈明、儿子蒋祖林、女儿蒋祖慧全家在北京合影

在铁栏外大声喊着：“频！频！我在这里！”胡也频回过头来，还没来得及说话，就被狱警带走了。

这竟成了他们的最后一面。

2 月 7 日上午，胡也频还在给妻子写信，告诉“年轻的妈妈”他在牢狱里的生活情况，并表示不会让青春在狱中白白度过，他要

● 1952年3月15日丁玲获斯大林文艺奖金时摄于莫斯科

写出更好的作品来。他希望丁玲把孩子送回湖南，坚持写作，要她不要脱离左联，鼓起勇气，担当一时的困难……署名是“年轻的爸爸”。可是，胡也频没有料到，被捕的人们都没有料到，在上海龙华司令部，一个严寒的早晨，二十三个满怀着理想激情的青年在枪声中倒下了。

丁玲是几天之后才知道胡也频已经牺牲了。凄厉的枪声击碎了丁玲最初的爱情。她不能自已地疯狂地痛哭起来。悲痛之中，这个倔强的湖南妹子渐渐意识到，要挺起腰杆，要坚强地生活下去。危难时刻，她的意志没有被瓦解，而是变得更加倔强坚定。她同沈从文一起把刚满三个月的婴儿送回湖南老家，只在家里待了三天，旋即返回上海。她多次发表演讲，她说：“悲痛有什么用！我要复仇！”她的湖南老乡杨开慧的爱人毛泽东正在井冈山造反，她要到那里去。但党组织考虑丁玲负责左翼机关刊物《北斗》的工作更合适，决定要她留在上海。

斗争使丁玲变得更加坚强、成熟。她不仅写文章，办刊物，还参加广泛的社会活动。这年春天，她在上海南京路大三元饭店宣誓入党。瞿秋白也参加了她的入党仪式。他说丁玲是“飞蛾扑火，非死不上”。

在胡也频牺牲后，冯雪峰来安抚过丁玲，随着丁玲参加《北斗》编辑工作，她与冯雪峰又有了过多的交往，深埋于心中的感情又复活了。丁玲在1931年8月11日和1932年1月5日曾写过两封信，向冯雪峰倾诉她的爱情和苦衷：

我不否认，我是爱他（指胡也频）的，不过我们开始，那时我们真太小，我们像一切小孩般好像用爱情做游戏，我们造做出一些苦恼，我们非常高兴的就玩在一起了。我什么也不怕，也不想，我们日里牵着手一块玩，夜里抱着一块睡，我们常常在笑里，我们另外有一个天地。我们不想到一切俗事，我们真像是神话中的孩子们过了一阵。到后来，大半年过去了，我们才慢慢地落到实际上来，才看到我们是一个男人和一个女人，是被一般人认为夫妻关系的，当然，我们好笑这些，不过我们却更相爱了，一直到后来看到你，使我不能离开他的，也是因为我们过去纯洁无疵的天真，一直到后来使我同你断绝。宁肯让我只有我一个人知道，我是把苦痛秘密在心头，也是因为我们过去纯洁无疵的天真和也频逐渐对于我的热爱——可怕的男性的热爱，总之，后来不必多说它，虽说我自己也是一天天对他好起来，总之，我和他相爱得太容易太自然了，我没有不安过，我没有幻想过，我没有苦痛过。然而对于你，真真是追求，真有过宁肯失去一切而只要听到你一句话，就是说“我爱你”！你不难想着我的过去，我曾有过的疯狂，你想，我的眼睛，我不肯失去一个时间不望你，我的手，我一得机会我就要放在你的掌握中，我的接吻……

但当时，冯雪峰早已是使君自有妇。丁玲只好把痛苦深置于心，一直没有将信递给冯雪峰。丁玲被捕之后，朋友们在整理她的“遗物”时，发现了这几篇手稿，以为是书信体的作品，就命名《不算情书》发表了。

丁玲后来投奔到延安后，毛泽东在和她闲聊时，曾笑着说，《不算情书》写得好。丁玲当时脸就红了。

三

胡也频牺牲后，丁玲在无限的伤痛和孤独中捱着漫漫长夜，一个人要负担着生活的重担，关心她的朋友都以为这样终不是长久之计。就在这时，一个叫做冯达的中共地下党员悄悄走进了她的生活。

一天，冯雪峰通知她，德国记者史沫特莱要采访她。史沫特莱要她的翻译兼私人秘书先过来找丁玲，约好见面的日子。这位温文尔雅的白面书生就是年仅26岁的冯达。对于冯达，丁玲后来这样回忆：

> “这是一个陌生人，我一点也不了解他，他用一种平稳的生活态度来帮助我。他没有热，也没有光，也不能吸引我，但他不吓唬我，不惊动我。他是一个独身汉，没有恋爱过，他只是平平静静地工作……他不爱多说话，也不恭维人。因为从事秘密工作，为了迷惑敌人，他穿戴整齐，腋下常常夹几张外文报纸。他没有傲气，也不自卑。他常常来看我，讲一点他知道的国际国内新闻给我听。因为我平日很少注意这些事，听到时觉得新鲜。有时他陪我去看水灾后逃离灾区的难民，他为通讯社采访消息；我也得到一点素材，就写进小说里去。我没有感到一个陌生人在我屋里，他不妨碍我，看见我在

● 1954年春丁玲重访河北省涿鹿县果园村，1946年丁玲在此参加土改，后据此创作了《太阳照在桑干河上》

写文章，他就走了。我肚子饿了，他买一些菜、面包来，帮我做一顿简单的饭。慢慢生活下来，我能容忍有这样一个人。”

不知是出于仰慕还是同情，冯达常去看望丁玲，有时陪她出去走走，看朋友，买东西。丁玲一年来身心疲惫，冯达的出现，帮助她度过了那些难熬的日子。后来，两个人就住到了一起。由于工作安全需要，他们经常搬家，最后搬到昆山花园路。这时，丁玲已将儿子祖林送回湖南老家由母亲抚养，生活仍很清苦。

冯达与丁玲只是一个自然而平实的组合，一起度过了长达三年的平静生活，其间少有浪漫。丁玲似乎对这种生活不满，她曾自我解嘲地说：“爱情是一个可笑的名词，那是小孩的一些玩意儿，在我看来，感觉有些太陈旧了。一个 25 岁以上的人，若还毫不知道羞耻，把男女事看得那么神秘，男的终日只知道如何去媚女人，女的则终日只知道穿衣服、涂脂抹粉，在客厅中同一个异性玩点心灵上的小把戏，或读点情诗，写点情诗，消磨一个连接一个而来的日子，实在是种废料。”但我们知道，以丁玲的性情，她是不会安于这种白开水般的生活的。

在丁玲的社会活动日益活跃的时候，她逐渐成为国民党当局的眼中钉，她的身后开始出现盯梢的特务。

1933 年 5 月 14 日那天，冯达出门时告诉丁玲：“要是我 12 点钟不回来你就赶紧离开”，结果冯达一出去就被特务盯住了，一直磨到 12 点过了以后才回到家中。他回来一看，丁玲还在，俩人就这样一块儿被捕了，被秘密地从上海押解到南京软禁起来。丁玲以为是冯达出卖了她，非常愤怒。冯达含着眼泪向丁玲赌咒发誓，说他没有出卖她。但丁玲对他早就已经厌倦了，她为自己与冯达之间“明知不是伴，事急且相随”的同居关系，并导致怀孕、生育而

懊悔不已。出狱之后，两个人就再也没有见过面。

丁玲就像一个关在笼子里的老虎，她试图越狱，又尝试自杀，但都没有成功。直到 1936 年春夏之交，她躲过特务的监视，逃了出来。尔后，她又悄悄地回到上海，与党组织联系。

在上海，她见到冯雪峰——那个与自己“曾有过热烈的爱情”的男人。

丁玲见到他的第一个感觉是他变了。具体怎么变了也来不及多想。她只顾自己说话，说着说着就哭了起来。好像这眼泪已经准备了很长时间，三年来随时都想找一个地方把它全部倾泻出来。她以为她会得到满腔同情和安慰，没想到却被浇了一盆冷水，冯雪峰说：“你怎么感到只有你一个人在那里受罪？你应该想到，有许许多多人都同你一样在受罪：整个革命在这几年里也同你一道，一样受着罪咧。”

冯雪峰这样说是有他的理由的，丁玲在被监禁的日子里，正是共产党最艰难的一段岁月。冯雪峰是跟着参加了二万五千里长征，后由陕北被派到上海领导文化界的。

经过这一番挫折，丁玲痛下决心，坚决要求到陕北。陕北的红军队伍中，林伯渠是她的表兄，毛泽东也可以算是她的故交——当初在长沙女子中学时，丁玲与杨开慧同校；学潮中她们得到毛泽东的支持，又一起转到岳云中学，开湖南男女同校之风气。她准备着去拥抱陕北那片新的大地，开始新的生活。

㊃

1936 年 10 月底，丁玲在前往延安的途中，在洛川停留一天。她剪短了头发，穿上久已神往的灰布军衣，以土坑为马背，跳上跳下，

咯咯地笑个不停，练习着骑马的技术。

这年 11 月，丁玲辗转来到了中国的红色根据地——延安。人们用简单、也是隆重的礼节欢迎这位远方归来的赤子，在一间大窑洞里，为她举行了欢迎会，毛泽东和周恩来都出席了晚会。当时毛泽东曾问她："丁玲，你打算作什么啊？"丁玲不假思索地回答说："当红军。"不久她便随红军去了陇东前线。

毛泽东还为她写了一首词来表示欢迎，词牌《临江仙》：

壁上红旗飘落照
西风漫卷孤城
延安人物一时新
洞中开宴会
招待出牢人
纤笔一支谁与似
三千毛瑟精兵
阵图开向陇山东
昨天文小姐
今日武将军

● 丁玲与画家胡曼（右，译音）、诗人肖三（左）合影于延安

新的生活改变着丁玲。她曾对斯诺夫人说："来这儿以前，我总是睡不着，可是现在睡得很香甜，也变胖了。简朴的生活好。"莎菲的浪漫气息已成枯死在书页间的明日黄花，此间的丁玲，豪饮，

● 落难时的丁玲 （1976年3月摄于山西长治）

健谈，烟抽得很密，大口吸进，大口吐出，似乎有意显示她的豪放气质，令人难于相信她是女性。

来到延安半年后，饱经沧桑的丁玲又大胆地爱上了一个比她小13岁的青年军官。

当时延安文艺界纪念高尔基逝世一周年，举办了一场大型的文艺晚会，其中的一个节目就是根据高尔基的小说《母亲》改编的一个话剧。已经身为中国文协主任的丁玲到场观看，台上演巴威尔的年轻小伙子引起了她的注意。这个小伙子看上去浓眉大眼，高高的鼻梁，非常英俊潇洒。他就是陈明。

1942年，38岁的丁玲与25岁的陈明在人们的奚落声中正式结婚。他们没有举行婚礼，也没有请客吃饭，两人手牵着手在延安的街头快乐地散步，心中洋溢着无限的幸福。

丁玲是理性地选择了延安，但她也逐渐意识到自己的革命理想在残酷的政治斗争中的幻灭。整风运动中，作家王实味因为写了批评延安不良风气的《野百合花》而受到批判，后来又掉了脑袋。许多人都对丁玲的《三八节有感》也同时提出了批评。毛泽东最后说：“《三八节有感》虽然有批评，但还有建议。丁玲同王实味也不同，丁玲是同志，王实味是托派。”这句话保了丁玲，但也让她心有余悸。到延安文艺座谈会会间合影时，毛泽东问：“丁玲在哪里呢？照相坐近一点嘛，不要明年再写《三八节有感》。”1942年6月，批判王实味斗争中，丁玲驳斥王实味对延安文艺界的侮辱，对《三八节有感》作一番自我批评，将自己的《三八节有感》从《野百合花》并列中抽身出来，反戈一击。

但丁玲没有想到，政治斗争的残酷性远不是她这个以恋爱为革命的小资青年所能想见的。她最终没有躲过这一劫。1955 年，丁玲被批判，随即被流放到北大荒长达 8 年；以后又被投入北京秦城监狱。5 年后出狱，再被送到山西乡村，直到 1979 年平反为止。在这 25 年中，陈明一直陪伴着她，他们的爱情经受了最严酷的考验。

1985 年 4 月，年届 80 岁的丁玲重回延安，深藏着半个世纪的记忆与思考。在她坎坷的一生中，革命过，恋爱过。最终她发现，能让她怀念一生的，还不是她的戎马生涯革命经历，而是关于几个男人的回忆。她说，与胡也频相爱，她投入了自己的真情；与冯雪峰相爱，留下了无限的遗憾；与冯达相爱好像一场噩梦；与陈明相爱是最成熟最深沉的情感。

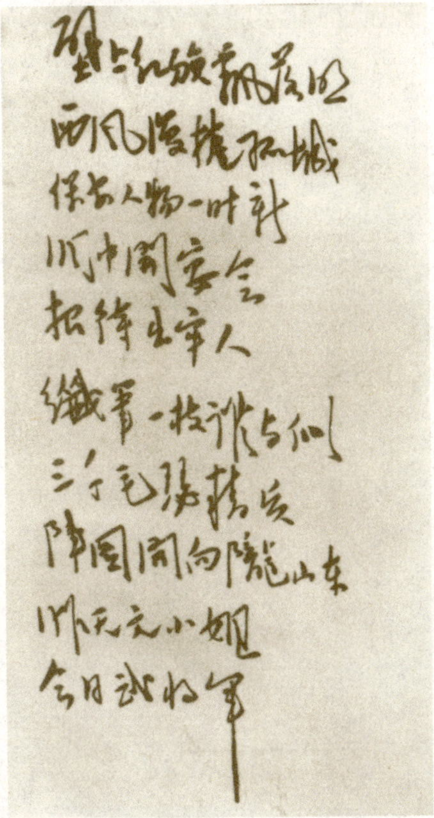

● 1937 年 1 月毛泽东为丁玲写的《临江仙》词

1986 年 3 月 4 日，82 岁的丁玲在北京告别了人世。临终时，她向丈夫倾诉了最后的爱意：你再亲亲我，我是爱你的。我只担心你，你太苦了。

萧珊之幸福

那一年和巴金相恋

“她是我生命的一部分，她的骨灰里有我的泪和血。这是她的最后，然而绝不是她的结局，她的结局将和我的连在一起。在我丧失工作能力的时候，我希望病榻上有萧珊翻译的那几本小说。等到我永远闭上眼睛，就让我的骨灰同她的掺和在一起。”这是多年后百岁老人巴金对自己爱妻的真挚怀念。六十多年过去了，留在巴金心中的依然是初见面时那个纯真可爱的萧珊，正是那次见面，改变了巴金决意独身的想法，也正是那次见面，外表柔弱的萧珊用自己一生的爱和深情为巴金撑起了一个温馨的家，从此后满腹经纶的浪子不再漂泊，上海的年轮也因这位文坛巨匠的留住而变得愈发熠熠生辉！

一

1936年，上海，新雅饭店。

这是上海北四川路虬江路口的一家双开间的广东饭馆。整个饭店分为三层：三楼分大、中、小共28间房间；而二楼则专营散座小吃，中间是小圆台，两旁是火车座；底层为三开门面，东侧设立外卖，西侧在扶梯旁设立三张小太子公映苏打方凳。中间进门宽敞的扶梯能够直上二楼。因其餐厅高雅洁净，室内装潢考究而不张扬，博得了一大批文人墨客的喜爱，当时蜚声文坛的鲁迅、戴望舒、林徽因和巴金等人是这里的常客。

在二楼那间正对着楼梯口的厢房里，几张铺着纯白桌布的圆形茶桌上各自摆放着一瓶鲜花，擦得锃亮的红木椅子下是打扫得一尘不染的柚木地板，33岁的巴金像往常一样坐在小圆桌旁静静地喝着茶，看着当时的报纸，可是今天的他显得有些心不在焉。突然，

一阵轻盈的脚步声从木楼梯那头传来，巴金赶忙抬起头，一个留着童花头，穿着白色的短袖上衣，系着一条过膝深色长裙的姑娘出现在眼前。姑娘用长睫毛下一双美丽的大眼睛调皮地望着他，快活地笑着，好像见了熟人似的从厢房门口走了过来：“李先生，您好早啊！”一刹那，巴金的心忽然被一种异样的感觉充满了……

● 1926 年的巴金

这个约巴金见面的姑娘就是后来陪伴他走过大半人生的萧珊，在她之前，上海之于巴金还只不过是一个浪子的落脚点，可是自从这次见面，上海对于巴金来说却成了他终身为之动情和牵挂的家园。从相识，相知，相恋到相伴，萧珊用她女性特有的细腻和柔情支撑了巴金的情感世界和坎坷历程，上海见证了他们忠贞不渝的爱情和他们风雨患难的人生。

萧珊是第一个走进巴金内心的少女，在她之后，巴金再也不曾对任何女人动情过。

二

小巴金16岁的萧珊，原名叫陈蕴珍，1920年出生于浙江的宁波。因父亲在上海做生意，她就在上海度过了她的中学时代。萧珊思想激进活跃，喜欢读中外文学作品，一直是学校学生会里的积极分子，在认识巴金前，曾经因为参加学生运动被校方开除。但时隔不久，凭着自己的才华她又考进了历史悠久的上海爱国女中，很快得到了老师的赏识。

那时巴金在大上海已是声誉卓著，那部被誉为“20世纪的《红楼梦》”的小说《家》业已出版5年，《雾·雨·电》、《新生》等作品也激发了整整一代年轻人的青春热情，萧珊也像当时的许多年轻人一样喜欢巴金的作品，作家小说中的人物命运和故事情节，常常使她情不自禁地沉浸在情感的旋涡中不能自拔，她真想见见这个让她如此崇拜的大作家，想知道他究竟是怎么写出这些震撼人心的作品的。于是萧珊开始以一个读者的身份给自己心目中的偶像写信。每封言词并不多，均以“一个十几岁的女孩”落款。令她没有想到的是，她的信给巴金留下了深刻的印象，巴金很快就给她回了信。

巴金朋友和兄长般的态度，给了萧珊莫大的鼓舞，她几乎没有丝毫犹豫就信任了巴金，把他当作了自己的亲人，从此以后，两人开始了长达半年之久的通信。在信中，萧珊说巴金给了她生活的勇气和战斗的力量，巴金则称她的勇气和力量是社会磨炼出来的，而他只不过是个“过着平凡生活的软弱的人”。“一二·九”运动爆发后，萧珊受到了感染，给巴金写信：“我抛弃了个人主义的孤立状态而走向集体的生活中。我爱群众，我生活在他们中间，是的，

我要把个人的幸福建筑在劳苦大众的幸福上，我要把我的生命和青春献给他们。”巴金欣喜地从萧珊给他的一封封信中感觉到了这个陌生女孩的渐渐成熟，于是当女孩在信中提出见面的要求时，他马上就同意了。

● 1953 年 7 月 24 日 巴金一家

为了怕巴金不认识自己，闹出笑话，除约了时间、地点外，细心的萧珊还在信中附了一张自己的近照，当两人在上海的新雅饭店见面时，还是学生的萧珊惊讶地发现，心中崇拜的大作家和偶像原来是一个个头不高，满口四川腔，说话频率很快，又不善言辞的中年人。而巴金也发觉，这个给他写信的大胆的诚恳热情的小姑娘，不仅纯洁可爱，而且有着一双可以透彻心灵的美丽大眼睛。两人相对而坐，尽管面前摆着酒菜，但都不曾举箸擎杯。不曾与女性有过多接触的巴金显得拘谨而且过于严肃，而心中被激动充溢着的萧珊微露羞怯，她用手抚摸着她带来的刚出版的《爱情三部曲》说道：“先生，我很喜欢您这部新出版的著作，我很崇拜您。”于是谈话就从这部作品拉开了帷幕。后来萧珊告诉巴金，爸爸是上海泰康食品厂的股东，在南市城隍庙开了一家咖啡馆。妈妈懂文学艺术，倾向“五四”新潮。她不满爸爸的约束，想离家去闯荡江湖。巴金一听就笑了，多么孩子气的想法，他劝她：“千万不要这样，我前段时间还写信劝过一个 17 岁的孩子不要逃离家庭。像你这样还是一只羽毛未丰的小鸟，很难远走高飞的。天空固然广阔，但到处躲着那些凶猛的老鹰，它们具有尖锐的眼睛和锋利的嘴爪，准备着捕食一只迷途的幼禽。你应该避免无益的牺牲，留着生命和精力来贡献给更大的事业。”巴金的话，在崇拜和敬仰他的萧珊听来，

就是解决一切问题的良药，她打消了离家的念头，专心读起了书。

“新雅”见面后，两人的交往逐渐多了起来，萧珊常到出版社找巴金。1936年底，巴金的朋友马宗融要到桂林去半年，巴金被请到襄阳路敦和里去帮助照看居所。于是萧珊常常去看巴金，并开始关心巴金的起居生活。萧珊的天真活泼，可爱美丽使巴金感觉到了生活丰富多彩，充满了诗情画意。大部分的时间里，萧珊都是在静静地听巴金讲他的理想，谈他的创作，这时她总会把食指衔在口中，头微微俯下来静静地听，有时抬起头来不经意地看巴金一眼。偶尔碰上学校里有什么活动，她这个学校里的活跃分子就和爱国女中学生会的主席陶肃琼一起邀请巴金和靳以去做专题报告、演讲。巴金不愿扫萧珊的兴，就拉上能说会道的朋友李健吾同去帮忙。活动一完他们便一起去公园玩。穿着工装裤的萧珊趴在草地上，支起胳膊，额前是整齐的刘海，头发盖住耳朵，头上还有一只蝴蝶结，一脸孩子气。另一边是穿着西服远远躺着的巴金，用礼帽遮住脸，有点儿害羞。那是一段纯真而浪漫的日子。

在日益增多的交往中，萧珊逐渐对巴金产生了连自己也说不清的情感，她越来越愿意和他待在一起，巴金对生活的真诚、激情和高尚的人格力量常常使她感动，难道这就是爱吗？就在萧珊对自己的感情犹豫不决时，她的父亲欲把她许配给一个有钱的人。知道了父亲的打算后，经过一番思索，萧珊找到了巴金在霞飞路霞飞坊的住处。在道明来意后，巴金让她自己决定，并认真地对她说：“你还小，一旦考虑不成熟，会悔恨终身的。将来你长大能有主见了，成熟了，如果还愿意要我这个老头子，那我就和你生活在一起。”一语未了，萧珊已是泪流满面。她从中看到了巴金内心的真情和对她的爱护，更坚定了她追求爱情和幸福的决心。

1937年，“八 · 一三”的战火烧到了黄浦江边，愤怒的上海

滩沉浸在抗日救亡的热浪中。那天，巴金约萧珊来到黄浦江边，两人并肩而立，久久地凝望着对岸炮弹爆炸后燃起的熊熊大火，心中充满了悲愤。他们商定要用各自的行动来支持和投身抗战洪流。回去后，萧珊参加了青年救护团，她和同学们一起勇敢地到战地医院当护士。她常把战地医院的见闻和感受告诉巴金，巴金则鼓励她写文章。萧珊写的第一篇作品《在复兴医院》，发表在茅盾主编的《烽火》上。巴金读后表扬她文笔美，受到鼓励的萧珊，又写了许多篇，《烽火》、《宇宙风》等报刊都先后刊登了她的作品。而萧珊的行动，反过来又鼓舞了巴金，他以萧珊本人的爱国热情和坚忍不拔的民族精神为素材，写了抗战三部曲之一的《火》。

抗日战争的爆发，使中国成了一个对敌作战、民族解放的大战场。因为担心巴金在动荡时局中的安危，萧珊放弃了去延安的念头，和巴金一起竭尽所能投入了当地的民族救亡战争中。1938 年暑假，年轻的萧珊在巴金支持下，决定到昆明上大学。她和两个同伴乘海轮绕道越南海防去昆明。在那里她得到了在西南联大教书的沈从文的关照，顺利地考进中山大学外文系，不久转学到西南联大，改读历史系。1940 年夏天，巴金《激流三部曲》的最后一部《秋》交开明书店出版，由于思念在昆明的萧珊，

● 1947 年萧珊与女儿小林

● 1939 年在西南联大外文系读书的萧珊

又担心法国战败以后滇越铁路会被切断，便决心放下《火》第一部的写作，先去看望分别了一些时日的萧珊。当巴金带着样书走下火车时，一眼便看见了站台上接他的萧珊。战火的无情并没有使她消沉下去，她依旧那么活跃开朗，那么风姿绰约、光彩照人。

在开明书店昆明分店经理卢芷芬的安排下，巴金住进了武成路书店附近的一间幽静的房子，房子周围是花树繁茂的花园，抬眼便可看到房外吐蕊怒放的鲜花。这样的环境，对于写作来说是最好不过了。这时正是学校放暑假期间，萧珊每天来看他，赏花论文或是一起出去游山玩水，他们幸福的足迹踏遍了西山龙门等地。归来疲倦时，他们就手拉手到武成路上一间出名的牛肉馆去吃饭，以至于成为那里的常客。每天，当萧珊回校以后，巴金就在这屋子里埋头写他的《火》。这是他们少有的一段安适的生活。

1942 年，由于抗战吃紧，巴金筹建的文化生活出版社桂林分社也面临危机，一些同事的先后离开使巴金顿感悲寂，不知所措。体贴入微的萧珊知道这一切后，深深惦念着巴金，为了分担他的忧愁，抚慰他的寂寞，没等大学毕业，她就来到巴金身边：“你不要

难过，我不会离开你，我说过在你身边的。”不再需要过多的言语，一位纯真姑娘矢志不渝的挚爱，使巴金看到了萧珊金子般的一颗心。他的眼睛湿润了，他多么想立刻和眼前的红颜知己结婚，可是目前经济的拮据，使他怕委屈了萧珊。他颤抖地说：“萧珊，再等我一年，好吗？”再等一年，萧珊没有提出任何异议，因为她清楚地知道巴金的难处：大哥自杀后，留下一大家人，由于战争阻隔，原由三哥承担的生活费用，就只能靠他了。在接下来的一年多时间里，巴金拼命地写书、译书、编书，他不能被经济问题所困扰，更不能影响自己的创作心境与创作质量。他写出了《火》第三卷，翻译完了屠格涅夫的《父与子》、《处女地》。侄儿、侄女的学费有了，结婚成家的费用也没问题了。

1944 年 5 月 1 日，萧珊和巴金决定结婚。此时巴金已经 40 岁了，而萧珊只有 27 岁。从相识到决定结婚，他们的恋曲进行了八年，与他们共同经受的一场民族战争所需要的时间相同。或者可以说，正是因为战争，他们的爱才变得持久而深刻。这八年中，他们在连天的烽火中几度离散，几度相聚，天南地北，两情依依，患难与共的岁月早已把他们的命运紧紧地连在了一起。如今终于要结婚了，萧珊清澈的大眼睛里盛满了对未来的憧憬和渴望。巴金在桂林漓江东岸借了朋友一间房做新房，没有添置一丝一棉，一凳一桌，只有巴金四岁时与母亲的合影，作为祖传的珍贵家产，也没有什么可安排的，只委托弟弟李济生以双方家长名义，向亲友印发了一张旅行结婚的“通知”。一个星期后，巴金和萧珊去贵阳郊外风景如画的“花溪小憩”度蜜月，这是坐落在花溪公园内的一栋花园洋房。这里没有楼，房间也不多，那些天也看不见什么客人，环境十分幽静。正值春暖花开的季节，天气格外晴好。公园里的溪水日夜流淌，一切都充满了勃勃生机。美中不足的是宾馆只接待住宿，不供应餐饮，

● 1970年8月萧珊摄于家中

得走上半个小时才能到镇上吃到饭。到达贵阳的当晚，他们就在花溪镇上的民乐村饭店举行了只有当事人出席的神圣而简朴的“婚宴”。他们找了一个清静的位子坐下来，要了一份清炖鸡和两样小菜，要了瓶葡萄酒。小天地里虽然清贫幽寂，但有温馨的晚风和清新的红花绿草，还有悦耳的溪水声做伴。他们沉浸在微弱的灯光下和绵绵的絮语中，他们从没有这样待在一起过，也没有享受过一次这样的温馨，在他们各自望着对方的深情眼睛里，时间仿佛停止了！在淙淙溪水畔的小旅馆里他们度了三天蜜月，这短短三天的蜜月却奠定了他们的一世情缘。从此开始了他们相濡以沫、相敬如宾、甘苦共尝的新的人生之旅，在他们相亲相爱走过了 28 年的岁月中，他们从未吵过一次架，红过一次脸。

㊂

新中国成立后，巴金担任了上海作协主席等一系列职务，社会活动日渐增多，变得十分繁忙，萧珊肩上的担子更重了。为了照顾好巴金的生活，照顾好一双儿女，萧珊没有参加社会工作。由于巴金经常外出开会，出国访问，还得体验生活，写应景文章，加上无休无止地送往迎来，一年总有好几个月不在家，家里的一切，事无巨细，萧珊都得一一安排，生活使萧珊从一个“害怕过桥的少女”变成了一个勇于承担一切的妻子。在操持家务之余，萧珊也抽空翻译了普希金的《别尔金小说集》、屠格涅夫的《初恋》、《阿霞》等小说，优美的译笔使她的几册译品成为藏家搜求的珍品。

抗美援朝战争期间，巴金和志愿军一起奔赴朝鲜前线采访写稿，远在上海的萧珊无时无刻不在惦记着他的安危，严冬她害怕他会冻

● 1962 年在家中，巴金兴致勃勃地与儿子对弈。一个美满幸福家庭的生动场景

着，盛夏她又担心他会热着，当 4 岁的女儿吵着找爸爸时，她不得不想出办法跟孩子解释，然而对自己她却无法安慰。她只能把那无边无际、无休无止的惦念通过一封封家信倾诉，但在信里，她从不说家里的难处，也从没抱怨过什么，相反，她在给异国他乡的巴金去信时，还充满深情地鼓励道："通过你，这些英雄的形象会保存，会活在每个人的心里。但是我还是一个母亲，一个女人，有时候我的怀念是沉的，会叫人眼睛发潮。自然我懂得我的怀念是跟千万个母亲、妻子的怀念连在一起的，我不必要恐慌，我们即使在心理上也得打胜仗的。"有时巴金的回信因为某种原因，来到萧珊身边的时候会稍微迟一些，每当这时，萧珊就会焦急："没有你的信，我怎能想象你的生活？你不知道有时候我多么需要你，我多么渴望你能更爱我一点，我好像还是一个没有长大的小女孩。""常给我看

到你的字，不必太多，一个，一个字，亦让我知道你好。”

从朝鲜战场归来后不久，巴金又要去参加第二届保卫世界和平大会，像往常一样，萧珊默默地准备了一顿丰盛的午餐，为他饯行。5岁的女儿一看到妈妈为爸爸准备的行李，便冲过来拉着爸爸的手，哭着不让他出门，看看自己怀里的婴儿，再看看不舍得爸爸走的女儿，萧珊的眼泪也涌出了眼眶，繁忙的公务和一些似乎总也忙不完的杂事，使他们单独在一起的机会越来越少，也许这又是几个月得不到他的消息，她的心又会在思念的煎熬中度过许多个难眠之夜。她比孩子更渴望时时刻刻能和先生待在一起，可是她怎能如此自私，先生不仅仅是属于这个家，属于她一个人的，祖国和人民比她更需要他，他的成就也不仅仅是她的骄傲，更是整个国家和民族的骄傲！无论走多远，无论走多长时间，她的心都是和先生的心连在一起的，想到这儿，萧珊轻轻擦去了泪水，拉过了正哭得伤心的孩子，坚定地对巴金说：“你去吧，注意健康！”

1955年9月，萧珊一家从位于闹市的霞飞坊（今淮海中路淮海坊）搬到了安静的武康路一幢两层楼里。在萧珊的精心照料下，巴金安心地用自己手中的笔饱蘸激情抒写着对新社会的认识。然而就在全国人民都激情满怀地建设新中国时，1966年夏天，“横扫一切的”“文化大革命”爆发了，猝不及防的灾难从天而降，席卷了神州大地，使得千千万万善良的人们无辜遭殃。在这场史无前例的运动中，巴金和萧珊也没有幸免。他们做梦也没有想到会被一下子从浪尖打到了谷底。作为一个曾经为年轻人控诉过的、曾经在朝鲜战场上奔波过的人民作家，巴金先生仍然成了“罪人”和“贱民”。作为家属，萧珊也被揪到机关，被勒令扫街，参加陪斗。她的名字同巴金一起，被张贴在上海淮海中路的“大批判专栏”上。铺天盖地的大字报，莫须有的罪名，恐吓抄家，红卫兵的铜头皮带，一夜

之间两个善良人成了罪人、贱民、牛鬼蛇神。

艰难的日子开始了。红卫兵成了家中的常客，轻则抄家重则毒打，每次，身体柔弱的萧珊总是勇敢地站在前面，竭尽全力地保护着家中的其他人，尤其想不顾一切地保护巴金，使他能够挺过去。有一个晚上，一群从北京来上海“革命串联”的红卫兵闯进了他们的家，受了惊吓的萧珊害怕这些人把巴金带走，她顶着凌晨的寒风跑到派出所，要求民警出面干预，结果当着民警的面，一个红卫兵用带铜头的皮带劈头就给了她一下，恶狠狠地骂道：“你这个黑老 K 的老婆，还敢告我们！”她的左眼被打肿了，眼圈顿时乌青了一大片，可她似乎浑然不觉，此时此刻在她心中最关紧的依然是家里的巴金：“先生不会挨打吧？”

● 1947 年全家摄于复旦教工宿舍

这个时候谁也看不清未来，善良的萧珊却在期待着，期待着她敬爱的先生能够尽快摆脱这场噩梦般的苦难。然而事实却非她所愿。1968 年 2 月的一天，萧珊和巴金一块从受改造的作协回家，因为这一天没有受到留难，回到家里，萧珊表现出了少有的高兴，下厨房去烧菜。疲惫的巴金则习惯性地翻看当天的报纸，在第三版上忽然看到当时做了作协的“头头”的两个工人作家写的文章《彻底揭露巴金的反革命真面目》，看了两三行，他连忙把报纸藏起来，害怕萧珊看见。不一会，萧珊端着烧好的菜出来，笑吟吟地招呼大家吃饭，还不时地说说笑笑。饭后她提出要看报纸，巴金吓了一跳，连忙竭力想把她的注意力引到别处，但是没有达到效果。萧珊找到

了报纸，看到那篇文章后，她的笑容一下子完全消失了，静静地坐了一会，她早早地进了房间。一进房间，萧珊就趴在床上小声地哭了起来。萧珊怎么也想不通，巴金怎么就是“反革命”，他年轻时就从一个封建家庭里叛逃出来追求新思想，建国后又满腔深情地为新中国做工作，对于这个国家，对于这里的人民，他是那么的热爱，为什么人们要骂他，批斗他？回想这段经历，巴金在《怀念萧珊》中心痛地写道：“我多么愿意让她的泪痕消失，笑容在她那憔悴的脸上重现，即使减少我几年的生命来换取我们家庭生活中一个宁静的夜晚，我也心甘情愿！”即便如此，萧珊也从来没有动摇过和巴金生活在一起的想法。每逢夜晚来临，被揪斗了一天的巴金拖着受尽屈辱的身躯疲惫地跨进家门时，迎接他的总是萧珊关切抚慰的目光，软语温存的话语。对于强加给巴金的罪名，没有人比萧珊更了解一起生活了二十多年的师长、朋友和伴侣了，她坚信，自己没有嫁错人，先生是个好人！

有一段时间，巴金每天要去作协的“牛棚”接受改造，去劳动、学习、写思想总结。萧珊每天天不亮就要送他出门，她陪着巴金走到公共汽车站。车来了，上车的人多，很挤，巴金挤不动，萧珊就用纤细的双手和双肩用力地推着巴金微驼的后背，使尽全力将他拥进车门，竭力防止他摔下来。这哪里是在送他上车，有时萧珊觉得她是在用整个的生命和全部的身心支撑着不使他倒下来，度过这个不寻常的年代！她明白，在目前这个黑白不分的日子里，她是唯一一个能够毫无保留地了解他、爱护他、给他以生命活力的人，她的爱就是希望，是点燃巴金苦闷心中的灯，温暖使他活下去的勇气。巴金在他的回忆里，是这样写的：有一个时期我和她每晚临睡前要服两粒眠尔通才能够闭眼，可是天将发白就都醒了。我唤她，她也唤我。我诉苦般地说：“日子难过啊！”她也用同样的声音回答：

“日子难过啊！”但是她马上加一句：“要坚持下去。”或者再加一句：“坚持就是胜利！”“坚持就是胜利”，在她所无法渗透的漫漫长夜里，萧珊用对丈夫的爱，对家的爱作油，用鼓励和毅力作灯，顽强地照亮了磨难生活的每一个角落。

然而，萧珊却没能坚持下来，等到曙光再现的那一天，身心的过度透支和日益粗糙的伙食终于击垮了她。1972 年，经医院检查她患了直肠癌，必须开刀。巴金得知这一消息时，正在“五七干校”过着半强制劳动生活。干校在海边，海风在漫长的夜里肆虐地摇撼着茅草屋，惦念着病妻的巴金整夜无法入睡。没有几天时间他就明显地消瘦了，在精神煎熬中的巴金几次申请请假回上海照顾病中的妻子，都遭到上面的拒绝。直到夏天萧珊的病很重了，他才得到“恩准”赶回妻子的身边。巴金回到上海的第二天，在朋友的帮助下，

● 1971 年冬天，萧珊（中）与弟媳和表妹在上海寓所合影。看得出来她已病得很重，再也没有了往日的开朗与欢乐。此时，巴金正在“五七干校”田间劳动着。1972 年 7 月，萧珊因患癌症送进医院，半个月后即逝世。

萧珊终于可以住院治疗了。对于这次住院，萧珊有种不祥的预感，在穿好衣服等待车来的时间里，她显得急躁，又有些留恋，不停地东张张西望望，似乎想把家里的一草一木都记在心里，她怕她从这里走后就再也不能看见这里的一切了。她的这一举动落进巴金的眼中，就像一块沉甸甸的大石头压在了心里。

萧珊住进了上海中山医院的病房后，巴金每天都要在萧珊的病床边待上大半天，萧珊已经没有了说话的力气，有时两人轻轻地、短短地说上几句话，更多的时间只是长久地默默地对视着。虽然大家都知道她病重，但谁也没有料到她在医院只住了20天就与世长辞了。这是怎样的一段日子啊，离开亲人的痛苦和心爱的人朝夕相处的幸福紧紧地纠缠在一起，让生死边缘的萧珊柔肠寸断。手术前，萧珊恋恋不舍地拉着巴金的手生平唯一一次对巴金说：“看来，我们要分别了！”巴金用手轻轻地捂住了萧珊的嘴巴，低下了头，两人的泪水相互交融，肝胆欲碎。此刻他多么渴望躺在病床上的是自己，而不是萧珊，为什么上天总是让幸福的时光走的最快？

手术后的萧珊，身体极度衰弱，靠输血维持生命，可当她躺在病床上，看到愁容满面、憔悴消瘦的巴金每天奔走来陪伴她，又非常过意不去，常常怀着歉意对巴金说：“苦了你了！”有时又含着眼泪望着他说：“我不愿意离开你。没有我，谁来照顾你啊！”一有空，巴金就寸步不离地守在萧珊的病榻前，望着萧珊苍白瘦弱的脸庞，他悲极时几乎想高声大喊：“一切都朝我的头打下来吧，让所有的灾祸都来吧。我受得住！”第五天，萧珊悄悄地去了，永远地闭上了她那双美丽的大眼睛。她离去时巴金刚好不在医院，巴金的儿子李小棠得了肝炎，那天上午，防疫站要到家里消毒，萧珊的表妹临时接替巴金和孩子到医院守护萧珊。中午，巴金在家里刚刚端起饭碗就接到了医院的报丧电话。待他赶到医院，走进病房时已

是人去床空，他的心一下子空了，他再也见不到萧珊熟悉的容颜了，再也听不到萧珊轻声的呼唤了，绝望的苦痛立刻像决堤的洪水淹没

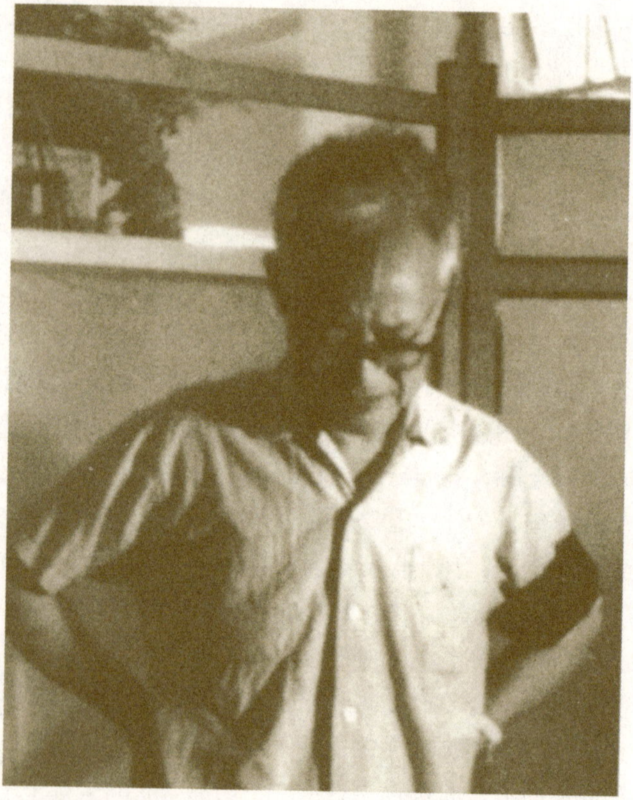

● 痛悼萧珊

了他的全身，他无助的弯下腰去，用手轻轻地拍着人形的白布包裹哭唤着萧珊的名字。

萧珊的告别仪式是在龙华火葬场举行的。没有朋友，没有悼词，

没有吊客，只有少数亲友和女儿的几个同学参加。在悲愤欲绝的哭声中，难过的巴金在爱妻的遗体前让人最后一次为他们合了影。随后，他又一次重读了梅林写的《马克思传》。梅林在书中引述了马克思对弥留之际的燕妮的描绘：“她很快就咽了气……这个病具有一种逐渐虚脱的性质，就像由于衰老所致一样。甚至在最后几小时也没有临终的挣扎，而是慢慢地沉入梦乡。她的眼睛比任何时候都更大，更美，更亮。”巴金回想起了最后几天的萧珊的眼睛：“她非常安静，但并未昏睡，始终睁大两只眼睛。眼睛很大，很美，很亮。”有谁可以在告别人世之际拥有这样的眼睛？

㊃

作为一个妻子，萧珊是一个忠实的善解人意的妻子，是一个满心温柔体贴的妻子；作为一个学生，萧珊是巴金最谦恭的学生和崇拜者，她一生都尊敬地称他为“先生”。她对巴金的爱已到了刻骨铭心的程度，她愿为他忍受一切而毫无怨尤，当她觉得她的感情是难以名状的时候，她在信中写出了这样两句惊世骇俗的话语：“你永远是我的神，跟我的心同在。”“我的目光永远地跟随着你。”

萧珊的死，对巴金的打击比“文革”中任何苦难迫害都要沉重，它几乎要把巴金击倒了。失去了萧珊的巴金头发完全白了，更加沉默寡言了，他永远忘不了萧珊那双明亮美丽的大眼睛，觉得那双熟悉的眼睛始终在注视着他。他把萧珊的骨灰一直放在卧室里，把萧珊的译作放在床头，并时常对着这些物品出神，不时沉浸在与萧珊共同生活的美好岁月里。

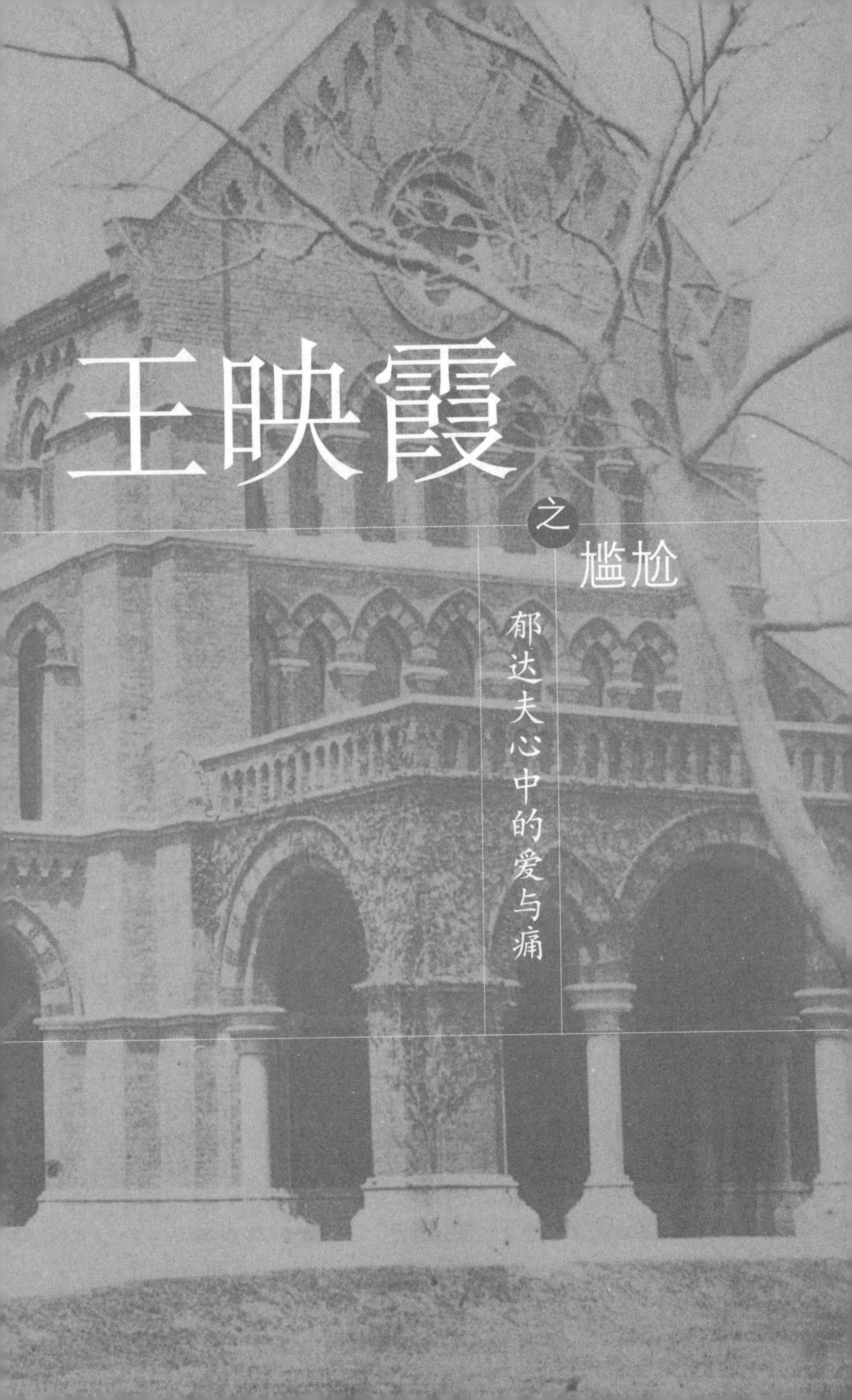

王映霞之尴尬

郁达夫心中的爱与痛

2000年2月6日，现代著名作家郁达夫的第二任妻子王映霞以92岁高龄在杭州辞世。

现代文学史上，郁达夫是一位争议很大、很富传奇色彩的人物，他与王映霞之间那一段以激情始，以悲剧终的情爱纠葛，曾经轰动一时，被认为是现代史上著名的情事之一。王映霞也因为是“郁达夫生命中最重要的女人”而广为人知。

他们的爱情，开始于1927年的上海。

一

王映霞本姓金，小名金锁，1907年生于风光旖旎的西子湖畔。童稚时过继给外祖父王二南做孙女，易名为王旭，号映霞。王二南先生系南社社员，精于琴棋书画，满腹经纶。王映霞自幼承欢在王二南先生膝下，受到良好的传统文化的教育，作诗填词小有可观。

1923年，王映霞考入浙江女子师范学校。读书期间，她非常活跃，热衷于各种社团活动。因为她出落得比较漂亮，所以成为引人注目的“校花”。

她的班主任是位刚从北大毕业的文科生，他把五四新文学的精神带进校园。王映霞从那里知道了鲁迅和郭沫若，知道了创造社有个郁达夫。她做梦也想不到，几年后，这个郁达夫会成为自己生命中最重要的一个男人，自己将因为他而红极一时，在以后的岁月中还将常常被人提起。

从杭州女师毕业后，王映霞接受省政府教育厅的分发，赴温州担任第十中学附属小学的教师。一个大姑娘家，人地生疏，有所不

便，因此王二南便致函自己温州的一位朋友孙百刚，请他就近照应一下自己的孙女。

1926 年冬天，革命军北伐的脚步已接近浙江。温州一带迫近战争边缘。在寒假中，王映霞跟随孙百刚夫妇一同到了上海，租屋马浪路尚贤坊。

尚贤坊是上海一条有名的弄堂，原是基督教尚贤堂，其英文意为“中国国际学会”，既信仰耶稣，又尊崇孔子，故名“尚贤”，

● 1930 年，王映霞于富春江畔

它是在 1897 年由英国教士李佳白得到李鸿章、翁同龢的支持后在北京建立，后被义和团所毁。1903 年在上海重建。1917 年第一次世界大战时，李佳白反对中国参战，被中国政府驱逐出境。1921 年再度来沪，在尚贤堂的大部分地皮上，建造了尚贤坊。李佳白一味鼓吹西方文化与传统文化融合，反对中国民主革命。也许是历史

的巧合，中国文坛上西方文化与中国传统文化结合的一段恋情就在这里展开了。

1927 年初，郁达夫到了上海。

郁达夫当时已是名满文坛的才子作家，年过三十。他是一个兼有新旧文人脾气的一个复杂的作家，生性有些颓废，老是痛感自己无所作为，日记反复出现这样的话：“明天起，要紧张些才好，近两三年来，实在太颓丧了，可怜可惜。”但忙一些杂事，喝一点闷酒，发一会儿闲愁，转眼十天过去了，于是便又开始在日记中自责痛悔。

巧的是，他和孙百刚也是朋友。当时他正感到生计无聊，也曾对孙百刚说：“老孙！近来我寂寞得和一个人在沙漠中行路一样，满目荒沙；风尘蔽目，前无去路，后失归程，只希望有一个奇迹来临，有一片绿洲出现。”郁达夫想要什么样的奇迹和绿洲出现呢？现在看来，应该是女人的爱情。他总是把女人看得太神圣太完美，总是希望追求到一个人、一份爱后，自己的整个人生就将彻底改观，心境从此一片通明，自己将走出颓废，重新鼓荡起奋进之心。

其实，郁达夫当时已是有妇之夫。和许多 20 世纪初的许多名人一样，他的第一次婚姻是被母亲包办的。1921 年，还在日本留学的他被母亲匆匆召回家乡，娶了一位叫孙荃的旧式小脚女子。孙荃比他小一岁，自幼生长在浙江富阳县南乡，但在父亲的教导下，熟读了“女四书”和“列女传”，谨守妇道，相夫教子，称得上是一位贤淑的妻子。婚后，她为郁达夫生下一儿两女。孙荃知书达理、能诗能文，和丈夫之间也有诗词酬唱之作，但郁达夫还是感到不尽如人意。就在这个时候，他遇到了王映霞。

● 尚贤坊

那一天王映霞正在孙百刚家里，突然来了一个杭州口音的男子，身材并不高大，但乍看很有一些潇洒

的风度。孙百刚介绍道："这位是郁达夫先生。"王映霞突然感到这个名字好熟，于是记起了自己看过的一本叫《沉沦》的小说，眼前这位就是它的作者了？在几次来来去去的时候，她不觉开始留心他们的谈话。

中午的时候，大家在一起吃的饭。王映霞也没多想什么，想不到这个郁达夫却从此接二连三地来了多次，请大家吃饭、喝酒、看电影、听戏。这样，两个人自然就熟识起来。有几次，郁达夫来的时候，孙伯母让王映霞先不要过来，她隐隐感到他们的谈话和自己有关。

● 郁达夫早年小影

王映霞不知道，郁达夫对自己已经有了意思了。当时的王映霞，正是年方十八的青春美少女，性格活泼；又受过新式教育，思想开放，举止大方，是众多男子心中的暗恋对象。郁达夫一瞥惊鸿，惊为天人，当下心就乱了，当天就开始了单相思。

也正是在同一天，郁达夫收到妻子孙荃从家里寄来的皮袍子，心中十分感激，还盘算着要写一篇小说，卖几个钱寄回家中。

郁达夫是一个很有激情的人，他对王映霞的思慕很快进入一种狂热状态，达到神魂颠倒，一日不见如隔三秋的地步。一个星期之后，王映霞20岁生日，郁达夫特别在江浙菜馆订了一桌上好的酒席以表庆贺，送了一份生日礼物给王映霞，并紧追不舍，写了无数的情书给她。

王映霞在认识郁达夫之前已读过他的作品，对其才华也很仰慕。但两人相识时，不但郁达夫

● 在日本东京帝国大学求学时的郁达夫

已然使君有妇，王映霞也有婚约在先，二人的交往因而困难重重。王映霞陷入兴奋和苦恼的交织之中，举棋不定，于是对郁达夫表现得略微有些冷淡了。郁达夫的情绪马上掉到了谷底，心乱如麻，如火中烧。心情起起伏伏，一会儿天堂，一会儿地狱；一会儿笑，一会儿哭；一会儿想奋斗，一会儿想自杀。自怜自怨：“可怜我孤冷的半生，可怜我不得志的一世。”

面对郁达夫的轮番轰炸，王映霞想冷静一下，于是她搭车回到杭州家里过农历年。王映霞还没有想到，也是后来才知道，傻傻的郁达夫居然在不知道她的杭州的住址和她具体的回杭日期的情况下，一个人冒冒失失地在她离沪之前来到杭州。风雪中，在车站一班车一班车地等候着。结果没有等到，于是又一个人失落地回到上海。

郁达夫回到了上海，才知道王映霞刚走，后悔不迭，又开始往杭州写信。他担心王映霞回家后践行和别人的婚约，于是在信中说：“我也不愿意打散这件喜事。可是王女士，人生只有一次的婚姻，结婚与情爱，有微妙的关系，但你须想想当你结婚年余之后，就不得不日日做家庭的主妇，或拖了小孩，袒胸哺乳等情形，我想你必能决定你现在所考虑的路。你情愿做一个家庭的奴隶吗？你还是情愿做一个自由的女王？你的生活尽可以独立，你的自由，绝不应该就这样的轻轻抛弃。”两个人又用书信保持着联系。

王映霞在杭州过了农历新年，便又来到了上海，当然又和郁达夫见了面。他们一起散步，一起谈笑，关系渐渐地亲密起来。有一次，王映霞偶然翻看了郁达夫的几篇日记，感到有些恼火，同时感到和一个作家交往，有些胆寒，下决心和他断绝交往，但每次郁达夫来信，她又忍不住要看，看完后，必忍不住回信。这样来来去去，她逐渐被郁达夫的热情所融化。热恋期间，郁达夫写给王映霞无数情诗，其中一首常为人传诵：“朝来风色暗高楼，偕隐名山誓白头，好事只愁天妒我，为君先买五湖舟。”

1927 年 9 月，郁达夫将他和王的恋爱过程，点点滴滴记载下来，编成《日记九种》，由北新书局出版发行。郁达夫在书中，对自己在元配妻子孙荃与王映霞之间的犹豫、彷徨、痛苦、忏悔与激情都作了直接的流露。内容新奇大胆，造成一时轰动。郁达夫的这种做法是和他的性情一以贯之的，他向来主张写作就是作家的自传，但这回发表日记却还有一个歪打正着的效果，这其实无异于向天下宣示：你王映霞就是我郁达夫的了，看你还有什么话说。

郁达夫终于以自我折磨式的忠诚打动了王映霞的心。1928 年春天，郁达夫与王映霞准备赴日本旅行结婚，后因故未成。于是便在杭州西子湖畔大旅社举行了一个十分简单的婚礼，新房设在金刚寺巷的王家。当时这个婚事还轰动杭州全城，名流柳亚子赠诗郁达夫，其中“富春江上神仙侣”一句传诵一时。

多年之后，王映霞一再强调，那时自己还是一个虚岁只有二十二的未涉世事的女孩子。

结婚后，他们来到上海，最后住在嘉禾里 1476 号。这里是上海滩一个极为普通的街巷，住在这里，当时主要是为了隐蔽，在只认衣服不认人的上海不容易被发现。由于《日记九种》的出版以及文坛上不断地报道郁、王的消息，使王映霞成了一个有名的大美人，

她每到一处就成为大家目光集中的焦点。这使得郁达夫心中隐隐不快，便时时限制她外出。王映霞终究没做成郁达夫所谓的“自由的女王”，这让她也有些隐隐的不快，但新婚燕尔，这些问题倒也不大。

两个人在这里过了一段平常夫妻的日子。王映霞是一个独生女，向来不会做家务，这回结婚，下厨房让她急着学了好几个月。有的时候，正烧着饭，郁达夫写文章想起了一个好句子，拉她来看，再回来时往往是饭焦菜烂。郁达夫喜欢喝酒，量极大，每顿必饮黄酒一斤，有时喝白兰地。他经常饮得酩酊大醉，有时甚至在冰天雪地过夜。于是，王映霞向他“约法三章”，规定凡朋友请郁达夫出去喝酒吃饭，必定要负责送回，否则不让出门。起初尚有效，久而久之夫人的约定遂为一纸空文。王映霞也曾试图让他戒酒，但他实在戒不掉，于是就说：“人生应该有一种嗜好，才不至于感到寂寞。”乃至拉着她也喝，甚至让她学抽烟。看来郁达夫真是一个性情中人，但王映霞酒可以喝一点，烟到底是没学会。

有的时候，在屋里坐闷了，两个人就出去散步，谈着过去、未来和即将到来的小生命。

那时他们的日子还比较丰裕。王映霞在自传中说：“当时，我们家庭每月的开支为银洋 200 元，折合白米二十多石，可说是中等以上的家庭了。其中 100 元用之于吃。物价便宜，银洋 1 元可以买一只大甲鱼，也可以买 60 个鸡蛋，我家比鲁迅家吃得好。”

这样日子在一天天静静地流淌，两年里，他们有了两个孩子。大儿子就是后来的郁飞。第二个是个女孩，郁达夫说不出为什么不喜欢，后来送人了，送人后不久就夭折了。

王映霞在和郁达夫结婚之前有过约定，必须要郁达夫和原配妻子断绝关系。但孙荃一个女人，为了活下去，提出离居不离婚。所以她们母子的生活开支，也要靠郁达夫寄钱回去。

● 郁达夫与王映霞

二

但两个人的感情终于出现了裂痕。

郁达夫是一个有着可爱又可气的文人性情的人，只有一个真正理解他的人才能接受他，而年轻简单的王映霞是做不到这一点的。郁达夫有绝世的才华，但脑筋一转，脾气一发，就什么事都做得出来。1930 年夏天，郁达夫的二哥从富阳来，住在他们家。郁达夫与二哥感情极好，让王映霞备酒菜招待。看到两人喝差不多的时候，王映霞说：“不能再喝了，咱们吃饭吧。”郁达夫当时不高兴起来，只穿一身单衣就出去了。当时谁也没有在意，但直到第二天早晨他二哥回富阳去，郁达夫还是没有回来。王映霞在天黑时才接到一个电报，是郁达夫从宁波发来的。他说他在那里钱和手表都被偷，要她送一百块钱去。

王映霞用结婚的首饰当了一百元钱坐船去宁波，郁达夫收了钱，说："哦，我们一起到普陀去玩几天，再回上海好不好？"在去普陀的船上，郁达夫告诉王映霞，那一天傍晚他从家里出来，是因为王映霞不让他喝酒而生了气。走到十六里铺码头，就和衣倒在水泥地上睡了一夜。后来，就买了船票到宁波，手表就是在码头上不见的。

事情表面上过去了，然而夫妻关系也就这样渐渐有了裂痕。许多事情是不能有开头的，有了第一次就会有第二第三次。有的时候，郁达夫眉头一皱，头一摇，王映霞就知道要坏事了。因为好奇，也因为两个人的感情，她要追踪他。两个人相距二三十步，彼此默不作声，各自向前走。郁达夫偶尔一回头，看到她，他也走累了，就叫一辆人力车，拉到王映霞身边，两个人一起坐着，默然无语地回到家中，郁达夫已经发泄完了，还若无其事地像往常一样逗她，给她端茶倒水。她则又累又恨，渐生怨情。

郁达夫一发脾气就要出走，次数多了，不得不给王映霞的祖父写保证书。而王映霞的胆子也渐渐大了起来，偷偷地做了许多郁达夫不愿意让她做的事情，比如去找独身的同学诉苦，或趁郁达夫不在家的时候，约她们来玩，不像前几年那样老守在家里了。

两个人都感到很疲惫的时候，他们就想要搬一次家。于是，坐四个小时火车就能到的杭州成了他们的下一个去处。1933 年 4 月，他们移家杭州，住在杭州大学路场官弄六十三号。郁达夫深居简出，每天就读读书，散散步，过了一段平静的日子。迁居不到两个月，王映霞又为郁达夫生下了第三个儿子郁亮，两年半后，因病夭折。

或许是想为自己的爱情和婚姻构造一个遮挡人生风雨的小巢吧， 1935 年深秋他们开始建造自己的住宅，直到次年四月才竣工，取名为"风雨茅庐"。王映霞曾为这个名字而颇为不悦，以为不是好征兆，没想到果真一语成谶。其间，郁达夫烦于泥土砖瓦的干扰，

于1936年的正月十三离开杭州，到福州漫游去了。到福州后，接受了福建省政府的委派，担任省府参议，负责经济设计方面的工作。当他从福建赶回时，王映霞已经迁入新居。郁达夫在风雨茅庐只住了三天，便又赶往福州供职。这年8月13日，王映霞生下了第四个男孩郁荀。

郁达夫大概没有注意到，自己的女人正在一点点地疏离自己。王映霞身上的不安分的因素渐渐地复活了。她渐渐觉得她与郁达夫一起生活了八年，为他生下四个孩子，被他们束缚着，并没有享受到幸福的人生。郁达夫远赴闽地，给她减少了不少约束，也留下了许多空档。她把郁飞、郁云交给母亲照管，请了一个保姆看顾郁荀。自己打扮一番，毫无顾忌地去做交际花了。杭州是王映霞的故乡，王映霞迅速成了杭州社交场合的红星，一天到晚忙于应酬，再不就是在风雨茅庐招待客人。王映霞生得小巧，热情活泼，又很健谈。茶余饭后，开口无忌，说些笑话，风雨茅庐成了男士们最爱光临的地方。

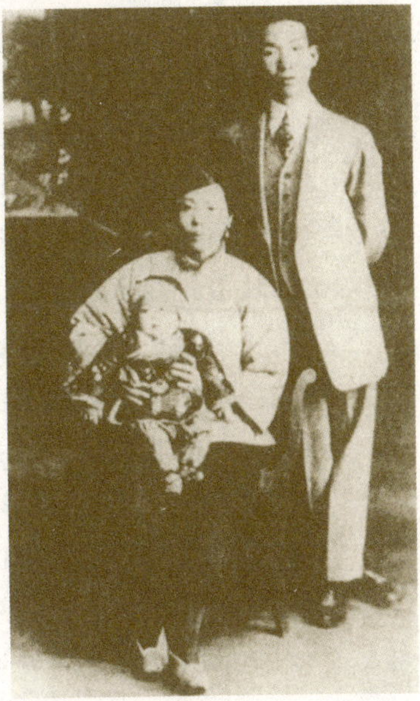

1922年，郁达夫与原配孙荃及子龙儿

需要提一嘴的是，我们不知道这些光顾的男士中有没有军统头子戴笠。当年戴笠作为国民党大员同郁达夫有过来往；郁达夫搬来杭州后，戴笠也曾以拜访名义去过他家里。为什么要提他呢？现代著名作家汪静之遗作《王映霞的一个秘密》揭开了一个大秘密：王映霞与戴笠有暧昧关系，这是郁、王离婚的重要原因之一。

汪静之和郁达夫是朋友，他的妻子是王映霞的同学。1938年春夏间汪静之全家

避难到武昌，与郁达夫家是近邻，常相往来。台儿庄大战之后，政府派了前线慰问团，郁达夫参加慰问团去了。王映霞趁郁达夫外出时打胎，让汪静之陪她到医院去，装做她的男人，以骗过医生。汪静之和妻子都认为逃难时怀孕不方便，应该打掉，也没有多想什么。

一天汪静之到郁达夫家去看他回来没有，看到郁飞满脸愁容，问他为什么不高兴？他说："昨夜姆妈没有回来！"他也不知道她到哪里去了，王映霞的母亲说是一部小汽车来接去的。第二天汪静之再到郁达夫家去探个究竟，见了王映霞。还没等汪开口，她就谈起戴笠家里花园洋房，家里陈设富丽堂皇，非常漂亮，露出羡慕向往和得意兴奋的表情。汪静之马上悟到她昨夜没有回家的原因了。又想到难怪她要打胎，而且要在达夫外出时去打。多年之后，汪静之妻子的一位同学钱青（也是王映霞的同学）也说："戴笠一直是王映霞的姘头，我有可靠证据。"

汪静之考虑到戴笠是国民党的特务头子，人称杀人魔王。告诉达夫怕凶多吉少，所以一直没有声张，没告诉郁达夫，也没告诉别人。后来汪静之要到广州去了，去向郁达夫告别。一进去看见达夫和映霞正在争吵。达夫一见他，就指着映霞，一边哭一边说："这个不要脸的女人，她居然和人家睡觉！"汪静之一听着了急，怕他声张出去，对他不利，就帮映霞掩饰说："不会的，你不要信谣言。"郁达夫马上说："哪里是谣言！她的姘头许绍棣的亲笔信在我手里！"汪静之从来没有见过一个男人那样号啕大哭，万分伤心痛苦的样子。王映霞也一边哭一边辩解。

也许，郁达夫到死也不知道王映霞和戴笠的这种关系。给他们的生活引发出一场灾难的是王映霞和另一个男人许绍棣的风波。

三

风雨茅庐里风风雨雨、招蜂引蝶的艳闻已经沸沸扬扬地传播开来，远在福州的郁达夫有所知觉后，连番催促王映霞到福州与他同住，王映霞虽然遵嘱南来，但只住了三个月，便以水土不服为由返回杭州。这时日本全面侵华开始，1937 年 8 月 13 日大举进攻上海，杭州危在旦夕。王映霞携家避难到浙西山区的丽水，在这里，她认识了当时的教育厅厅长许绍棣。许绍棣两年前死了妻子，带着三个孩子。他的孩子和王映霞的孩子一起玩，两个大人也就这么认识了。王映霞和他之间的关系，按她自己的说法，不过是她想给朋友的朋友找一个对象，于是想到了许绍棣。因为要做媒人，于是就和许绍棣之间有了书信来往。但这书信却被多疑的郁达夫发现了，于是越闹越大。

但事情怕没有这么简单，我们也不能尽信王映霞的一面之词。

1938 年 3 月，郁达夫从福建来到丽水，将去武昌任职，于是把妻儿也一起接了去。七月的一天，郁达夫和王映霞因小事争吵。王映霞出走之后，郁达夫找不到她，便回到家里喝酒消气。无意之中，郁达夫发现了许绍棣写来的三封信，大发雷霆。王映霞匆忙卷带细软躲了出去。窗外，王映霞洗涤晾晒的纱衫还挂在那儿，郁达夫越看越气，拿笔饱浸浓墨在那纱衫上大写：“下堂妾王氏改嫁前之遗留品！”接着，郁达夫请过好友郭沫若来查看现场，将那些信批量影印，声称是打官司的凭证。

当晚，王映霞没有回来，郁达夫成诗一首：“凤去台空夜渐长，挑灯时展嫁衣裳；愁教晓日穿金缕，故绣重帏护玉堂。碧落有星烂昂宿，残宵无梦到横塘。武昌旧是伤心地，望阻侯门更断肠。”最后一句颇可玩味，“侯门”是指哪里呢？

● 1934 年，王映霞、郁达夫于杭州西湖

王映霞去哪里了呢？据她自己说，她去了一位曹律师家里，据她说这个曹律师是许多人的朋友，他的妻子也深明大义。于是，王映霞在他们家里一住就是三四天。最后，还是曹律师觉得这样下去不是个事儿，去通知郁达夫了。

想不到事情越闹越大，王映霞在外边老是不回来，郁达夫以为她已经“卷逃了”，情急之下，竟在《大公报》刊登“寻人启事”，且致电致信浙江军政府，吁请查找王映霞。郁达夫所登寻人启事内容如下：

“王映霞女士鉴：乱世男女离合，本属常事。汝与某君之关系，及携去之细软衣饰现款契据等，都不成问题，惟汝母及小孩等想念甚殷，乞告以住址。郁达夫谨启。”

一时间，舆论哗然，满城风雨。这使得王映霞颜面尽失，肝肠寸断。聪明的许绍棣以快速定亲结婚来洗刷了自己。郁达夫与王映霞则在朋友们的调解下各作让步。王映霞写下了不公开的“悔过书”，而郁达夫却再次登报声明这次事件是自己“精神失常”所致的误会，以保全她的名声。

这时武汉局势吃紧，郁达夫带领全家逃到洞庭湖南岸的湖南汉

寿。秋凉时节，他又只身再到福州供职。一个多月后，汉寿面临战火，王映霞仓皇带全家搭火车往长沙东行，又到了浙西江山。国内漫天烽火，而王映霞总是想在浙西山区一带打转，或许是旧情难断。

这个时候，郁达夫连连来电催促，叫王映霞把岳母和两个小孩暂留江山，赶快带长子来福州。到了福州，郁达夫告诉王映霞说："我已答应了新加坡《星州日报》之聘，马上就要带你们母子远赴南洋。"王映霞惊诧道："那么在浙西的母亲和孩子们呢？"郁达夫斩钉截铁地答道："已经拜托友人代为妥善照料了！事急世乱，难得周全！"郁达夫的想法十分明显，为了逃避战火，更为了彻底斩断妻子与老情人之间的联系，远赴南洋。眼不见，心不烦，一切从头开始。

1938 年的岁尾，王映霞无可奈何地携带着儿子郁飞跟随郁达夫远渡南洋，住在中鲁中保路 22 号的公寓式楼房内。她总觉得自己是钻进了一个精心设计的圈套，两年期间，两个人还是争吵不断，感情并没有好转。

郁达夫在性格上是个标准的不断忏悔的清教徒，从他闻名于世的作品中就可以感觉到。他总认为将自己的苦闷与烦恼倾吐出来之后仍无损于自己原先的感情。可惜，世人不解，王映霞也不解，终于导致了痛苦的毁家。

1939 年的一天，香港《大风旬刊》的编辑陆丹林写信向郁达夫约稿，郁达夫就将近两年来写的 20 首旧体诗词，加上"新注"，集成一组《毁家诗纪》交予陆丹林。这组诗词毫无保留地暴露了他和王映霞的婚变内幕乃至妻子"红杏出墙"的细节，深有怀恨之意。《毁家诗纪》第四首诗，记录的是他曾经在福州王天君殿为爱情乞得的谶诗："寒风阵阵雨萧萧，千里行人去路遥。不是有家归未得，鸣鸠已占凤凰巢。"这一组诗词轰动了海内外，不可外扬的家丑，就这样成了一个人人津津乐道的桃色事件。

郁达夫这一举动，使得王映霞名声扫地，气得她七窍生烟。她一连写了几封信寄到《大风旬刊》，大骂郁达夫是“欺骗世人的无赖文人”、“包了人皮欺骗女人的走兽”、“疯狂兼变态的小人”。于是互揭疮疤、形同分水、冷战分居，最后王映霞远走廖内小岛，演出第二次逃家的新闻。至此，两人的婚姻已到了无可挽回的地步。然而，对于廖内岛的落后荒凉，住惯大城市的王映霞毕竟未能适应，只不过一学期的时间，王映霞又回返新加坡。

1940年3月，经朋友多方面调解无效，王映霞与郁达夫在新加坡协议离婚。这对曾被喻为“富春江上神仙侣”的才子佳人，就这样以彼此怨恨的方式分手了。据说，分手前夕两人还在南天酒楼饯别。历经12年风雨，王映霞终于与“曾因酒醉鞭名马，生怕情多累美人”的丈夫离异。

1940年8月中旬，王映霞只身返国，经香港飞往战时首都重庆。郁、王两人在新加坡、香港、重庆分别刊出离婚启事。

王映霞走后，郁达夫冷静下来，对她仍有留恋之意，有诗为证：“大堤杨柳记依依，此去离多会自稀；秋雨茂陵人独宿，凯风棘野雉双飞。”“纵无七子为衷社，尚有三春各恋晖；愁听灯前儿辈语，阿娘真个几时归。”郁达夫希望以母子之情去打动王映霞，使她幡然悔悟，真是痴心妄想，太过天真。

㊃

王映霞义无反顾地回到重庆，就不记得她在浙西的老母了，住到重庆乡下的白沙江滨疗养。修整三个月后，摆脱了“郁达夫弃妇”的阴影，重塑淑女的形象，重新在社交界抛头露面。凭着她的家世、

学识、美艳、机敏，再加上岁月的磨炼、饱经世故，人情练达，左右逢源，无往不利。后由戴笠介绍，王映霞进入外交部担任文书科的科员。上班的第一天，已是 34 岁的她刻意打扮了一番，穿上一身凹凸有致的花色旗袍，足登三寸高跟皮鞋，加上她那“荸荠白”的皮肤，确实是艳光四射。她摆着腰肢走进办公室时，顿时让那些出出入入的时髦人物感到眼前一亮。

很快，由著名外交界名人王正廷牵线搭桥，王映霞再做新娘，与时任重庆华中航运局经理的钟贤道结成连理。钟贤道是江苏常州人，任职于重庆招商局，在当时拥有相当地位与实权。1942 年 4 月 4 日，结婚典礼在重庆百龄餐厅举行，据说重庆的中央电影制片厂还为他们拍摄了新闻纪录片，可以说是极为隆重。他们在上海、杭州各报上登载了大幅的结婚广告，可见规格之高。

王映霞结婚时戴笠又帮了不少忙，在她丈夫的工作上多给了不少油水。据说，直到抗战胜利，接收上海时，戴笠还给了王映霞一座接收下来的洋房，成了她的私有房产。1946 年，戴笠因飞机失事而死。王映霞失去后台，急流勇退，辞去外交部的文书工作，老老实实过起了主妇生活。随丈夫到了芜湖，生了一子一女。1948 年起他们定居上海。对于自己的第二次婚姻，王映霞在自传中说：“如果没有后来一个他（指钟贤道），我的后半生也许漂泊不定。”

郁达夫于 1940 年和王映霞离婚后，一个才貌出众的女子李筱英出现在郁达夫的生活里。1941 年，她刚满 26 岁，十分崇拜郁达夫的文学才华，并主动向他求爱。46 岁的郁达夫在政治失意和家庭破裂之余，遇上这位花容月貌的佳人，一拍即合，两人感情迅速发展。不久，李筱英便搬进郁家同居。后因年仅 13 岁的郁飞的反对，李筱英痛苦地搬出了郁家。

1945 年日本战败投降时，郁达夫被日本宪兵杀害，终年只有

49 岁。至今郁达夫之死，仍然是个谜，好事者猜测，或许是戴笠的军统趁乱世所为。

几十年过去，人们仍谈论郁达夫与王映霞的关系。德国汉学家马汉茂出版了一本有关郁达夫与王映霞婚变的书，公布了一些王映霞写给情人的书信，迫使王映霞写了一篇《郁达夫与我的婚变经过》的长文，在香港的《广角镜》杂志上发表，为自己辩护，始终不曾有忏悔的意思。直到 80 岁高龄，王映霞笔下仍称郁达夫是“疯子”。

郁达夫的原配妻子孙荃在丈夫与王映霞相爱后，痛不欲生。但她有子女，必须活下去。为免受社会歧视、打击，她提出，离异不离婚。带着子女再次回到富阳老屋，开始了她五十年的凄苦悲凉的孤独生活。1920 年 2 月，她曾写《寂感两首》寄郁达夫，其中一首写道：“深闺静坐觉魂销，梅影横窗气寂寥。无奈长夜孤梦冷，书灯空照可怜宵。”谁料竟成为诗谶，成为八年后她余生悲凉境遇与凄怆心情的写照！1938 年郁达夫去新加坡前，与王映霞已发生矛盾时，曾回富阳老家，孙荃待之如宾；但二人那时的心情究竟如何，已无从可知。郁达夫与王映霞离婚，曾在文坛掀起不小的波澜。这消息也许使孙荃萌发了郁达夫重归故园的希望，企盼丈夫欣然来归的侥幸心理，令旁观者也心酸不忍。1945 年 8 月，郁达夫遇难。消息传到富阳，孙荃心中最后一线希望断了。1978 年 3 月 29 日她在富阳去世，享年 82 岁。

历史的车轮到了 20 世纪末，杭州城里一个普通的二房一厅居室里，阳光透过窗台上枝叶纷披的吊兰，照在一个沉静的老人身上，她就是王映霞。她常年沉埋在历史的回忆之中，回首当年的是是非非，她缓缓地提笔写道：“如果没有他，也许没有人知道我的名字，没有人会对我的生活感兴趣……历史长河的流逝，淌平了我心头的爱和恨，留下的只是深深的怀念。”

历史还在静静地前进。今天，尚贤坊因是有代表性的里弄石库门建筑，被上海市列为市级文物保护单位。两个很华丽的店铺中间夹着一个弄堂，里面黑咕隆咚的，看不出个究竟，这就是尚贤坊。再往里走，你就会看见屋外的水龙头哗哗地响，大部分人家在准备晚饭。小饭馆橱窗里还冒着热气。弄堂口两个赤膊的男人正在一张小桌前喝酒聊天。这样的情景在今天的大上海似乎有些不谐调，但就是在这里，曾经发生过王映霞与郁达夫的爱情故事。在那个时候，同样是最摩登的一件新闻。

● 1926 年 5 月，创造社四巨头于广州，左起王独清、郭沫若、郁达夫、成仿吾

图书在版编目（CIP）数据

美丽与哀愁 / 高山著. -- 北京：新世界出版社，2016.6

ISBN 978-7-5104-5651-0

Ⅰ. ①美… Ⅱ. ①高… Ⅲ. ①中国历史－民国－通俗读物 Ⅳ. ① K260.9

中国版本图书馆CIP数据核字(2016)第066630号

美丽与哀愁

作　　者：高　山
责任编辑：余守斌　赵政德
责任印制：李一鸣　黄厚清
出版发行：新世界出版社
社　　址：北京西城区百万庄大街 24 号（100037）
发 行 部：（010）6899 5968　（010）6899 8705（传真）
总 编 室：（010）6899 5424　（010）6832 6679（传真）
http://www.nwp.cn
http://www.nwp.com.cn
版 权 部：+8610 6899 6306
版权部电子信箱：nwpcd@sina.com
印　　刷：三河市骏杰印刷有限公司
经　　销：新华书店
开　　本：710mm × 1000mm　1/16
字　　数：180 千字　印张：14.75
版　　次：2016 年 6 月第 1 版　2016 年 6 月第 1 次印刷
书　　号：ISBN 978-7-5104-5651-0
定　　价：32.00 元